AF635898

NATURA Abiturtraining
Neurobiologie

Biologie

Carla Baller

Ernst Klett Verlag GmbH
Stuttgart · Leipzig · Dortmund

So lernen Sie mit NATURA

Neurobiologie

Aufgabenblatt

Die mit Material versehenen Aufgaben entsprechen denen in Klausuren und im Abitur.

Aktionspotenzial

Wenn eine Erregung ein Neuron erreicht, kann sie dort eine Depolarisation auslösen. Depolarisation bedeutet, dass die positive Ladung im Intrazellularraum für kurze Zeit zunimmt. Die selektiv permeable Membran wird für bestimmte Kationen durchlässiger. Ist diese Depolarisation groß genug, überschreitet sie also den Schwellenwert, dann können Aktionspotenziale entstehen, die als Erregung entlang der Nervenzelle weitergeleitet werden.

Ein einleitender Text führt in die Problemstellung ein und gibt erste Informationen.

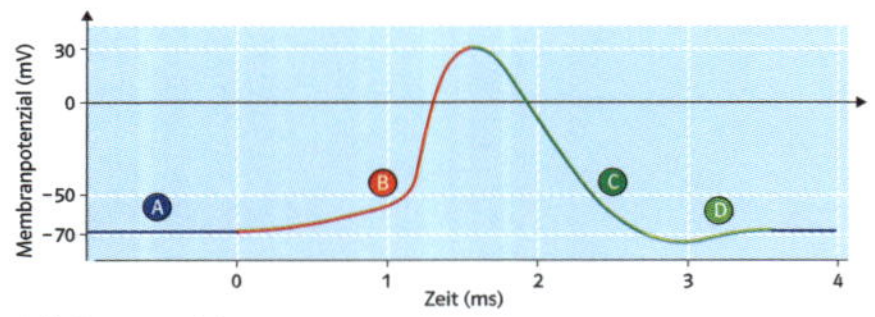

1 Aktionspotenzial

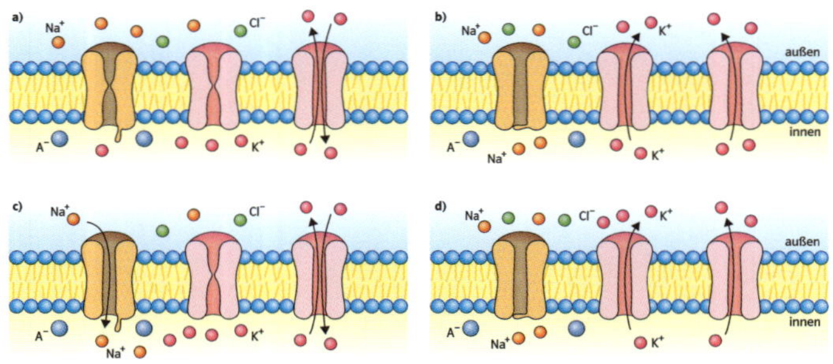

2 Öffnen und Schließen von spannungsgesteuerten Ionenkanälen im Verlauf eines Aktionspotenzials

Unterschiedliche Materialien sollen nach Anleitung durch die Aufgaben ausgewertet werden.

Aufgaben

10/100 ○ **1** Benennen Sie die Phasen A – D des Aktionspotenzials in [B1].

10/100 ○ **2** Ordnen Sie die Abbildungen a) – d) aus [B2] den Phasen A – D von [B1] zu.

25/100 ◒ **3** Entwickeln Sie ein Verlaufsschema für die Vorgänge beim Auftreten eines Aktionspotenzials.

25/100 ◒ **4** Erläutern Sie die Bedeutung der spannungsgesteuerten Natrium-Ionenkanäle beim Ablauf eines Aktionspotenzials.

30/100 ● **5** Begründen Sie die höhere Konzentration der Kalium-Ionen im Intrazellularraum, obwohl der nicht spannungsabhängige Kalium-Ionenkanal geöffnet ist [B2].

8

Die vielfältigen Aufgaben unterscheiden sich in Umfang und Schwierigkeit.

Symbole und Medien

Aufgaben:

10/100 Punkte

○ leicht

◒ mittel

● schwer

Lösungen zum Arbeitsheft online und in der App verfügbar!

1. Auf **schueler.klett.de** anmelden
2. Nutzer-Schlüssel oder QR Code einlösen
3. Digitale Medien online nutzen oder in die **Klett Lernen App** laden

Nutzer-Schlüssel
5M1w-68Ee-KMQV

Inhalt

Taxien beim Pantoffeltierchen

Pantoffeltierchen (Gattung *Paramecium*) sind einzellige eukaryotische Tiere, die zu den Wimpertierchen (*Ciliata*) gehören. Sie leben in Tümpeln, Teichen und Flüssen. Ihre Hauptnahrung sind Bakterien und winzige organische Partikel. Die Tiere bewegen sich mit koordinierten Schlägen der Wimpern (Cilien) fort. In der Zellmembran sind bis zu 10 000 solcher Cilien verankert.

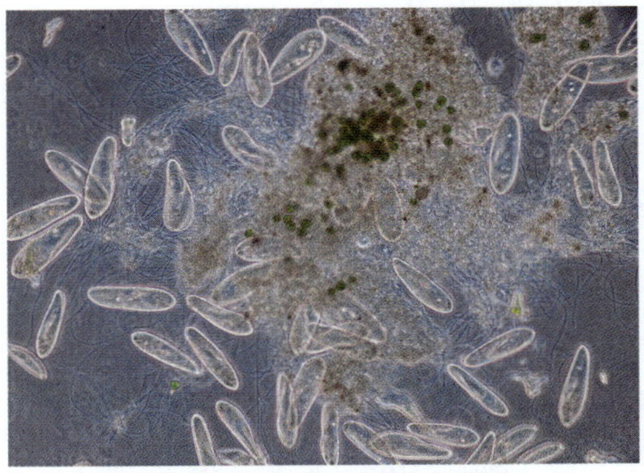

1 Pantoffeltierchen um Nahrungspartikel

In Experimenten mit Apfelsaft kann man zeigen, dass die Tiere Reize aus der Umgebung aufnehmen und darauf mit Richtungswechseln beim Schwimmen reagieren [B 1]. Fortbewegungen bei Einzellern, die in Bezug auf eine Reizquelle ausgerichtet sind, werden als Taxis bezeichnet. Als positive Taxis gilt eine Annäherung, als negative eine Entfernung von der Reizquelle.

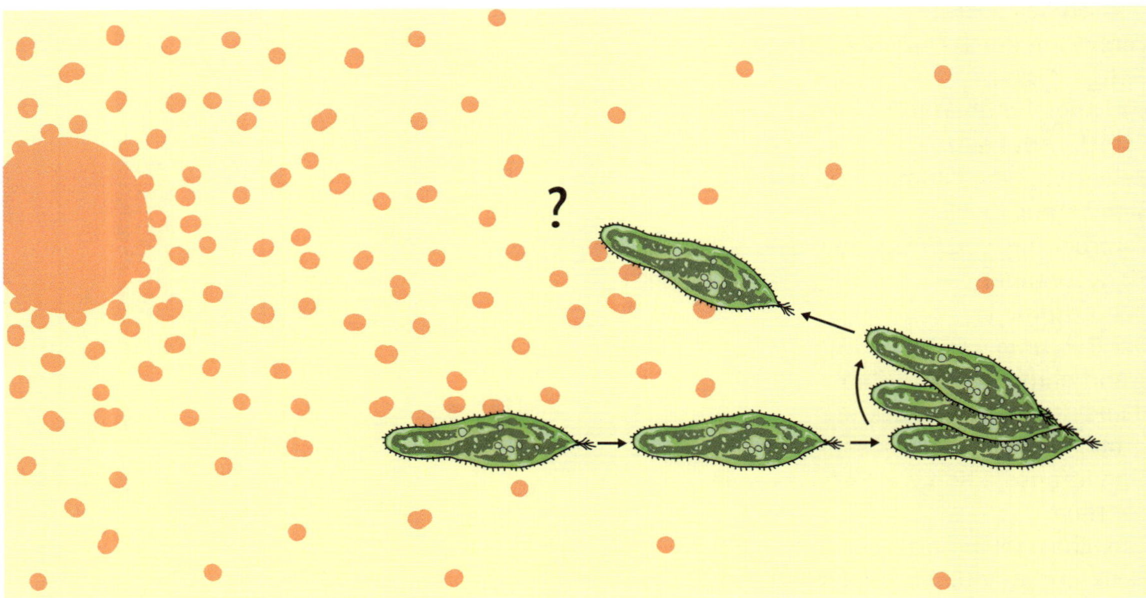

2 Reaktion eines Pantoffeltierchens auf eine Nahrungsquelle

Aufgaben

20/100 ○ **1** Leiten Sie aus dem Text und [B 1] die biologische Bedeutung von Taxien für Einzeller ab.

30/100 ◒ **2** Versuche ergaben, dass Rezeptoren in der Zellmembran Informationen über die Konzentration von Stoffen auf den Körperseiten des Pantoffeltierchens liefern. Entwickeln Sie daraus mithilfe von [B 2] eine Hypothese, wie sich das Pantoffeltierchen einer Nahrungsquelle annähern kann.

50/100 ● **3** Leiten Sie aus Ihrer Hypothese begründet eine mögliche Richtungsänderung des Pantoffeltierchens an der mit einem Fragezeichen gekennzeichneten Stelle ab.

Reflex

In manchen Situationen ermöglichen schnelle Reaktionen des Körpers, Gefahren auszuweichen oder sie abzuwehren. Reflexe bieten dem Organismus durch ihre einfache Verschaltung von Nervenbahnen die Möglichkeit, innerhalb kürzester Zeit zu reagieren.

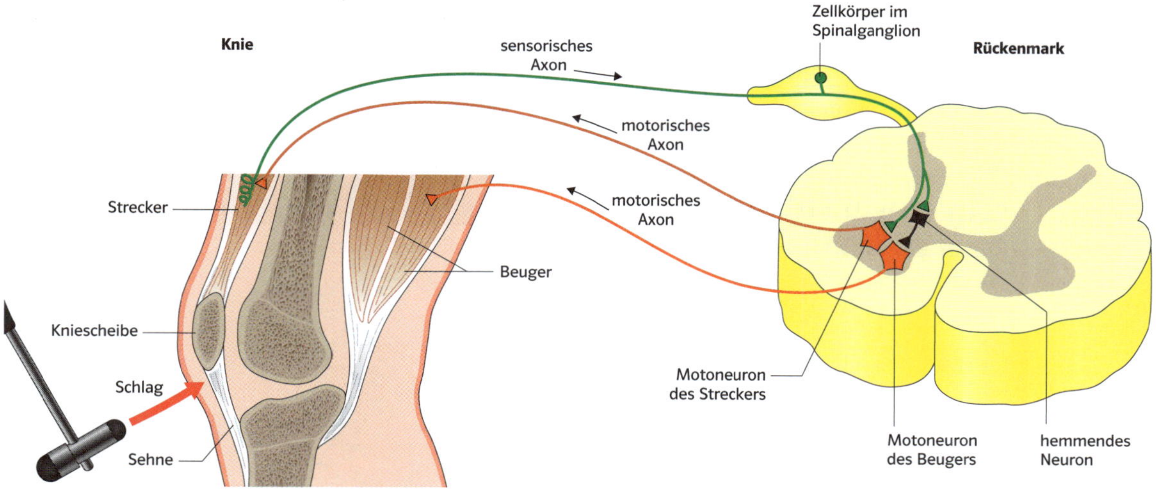

1 Kniesehnenreflex

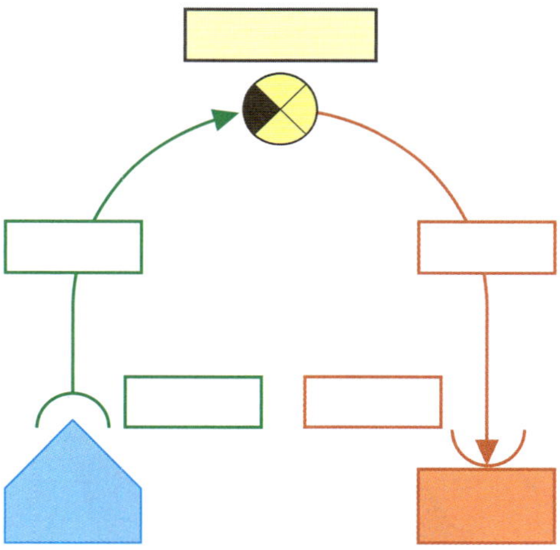

2 Reflexbogen

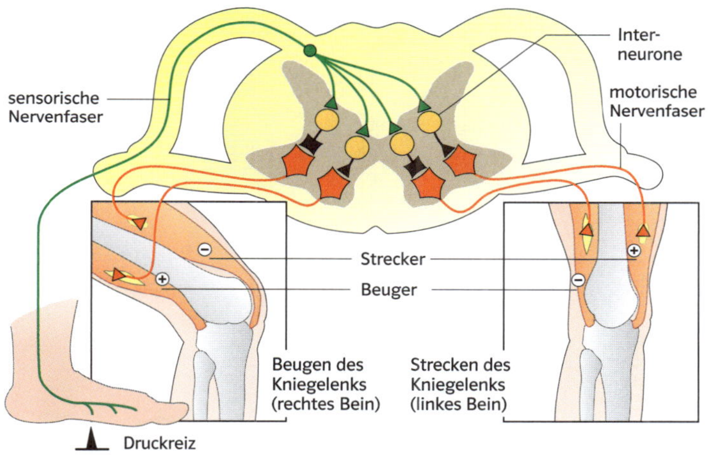

3 Gekreuzter Beuger-Strecker-Reflex

Aufgaben

15/100 ○ **1** Beschreiben Sie den Kniesehnenreflex [B1].

15/100 ○ **2** Beschriften Sie [B2].

35/100 ◒ **3** Begründen Sie, ob die in [B1 und 3] gezeigten Reflexe Eigen- oder Fremdreflex sind.

35/100 ◒ **4** Erläutern Sie die biologische Bedeutung der beiden gezeigten Reflexe.

Tödliche Reflexe

Der Fluchtreflex ermöglicht vielen Fischen, innerhalb kürzester Zeit vor Fressfeinden zu fliehen. Druckwellen signalisieren eine mögliche Gefahr. Beim Eintreffen der Druckwellen drehen sie Kopf und Schwanz durch einen Reflex blitzschnell zunächst in die entgegengesetzte Richtung.
Der Fisch entfernt sich blitzschnell von der Gefahrenquelle. Da der Fisch in diesem kurzen Moment die Form des Buchstabens C einnimmt, wird die Bewegung des Fisches auch als C-Start bezeichnet [B 2]. Die im Wasser lebende Fühlerschlange (*Erpeton tentaculatum*, [B 1]) macht sich diesen Fluchtreflex zunutze [B 2, 3 und 4].

1 Kopf der Fühlerschlange

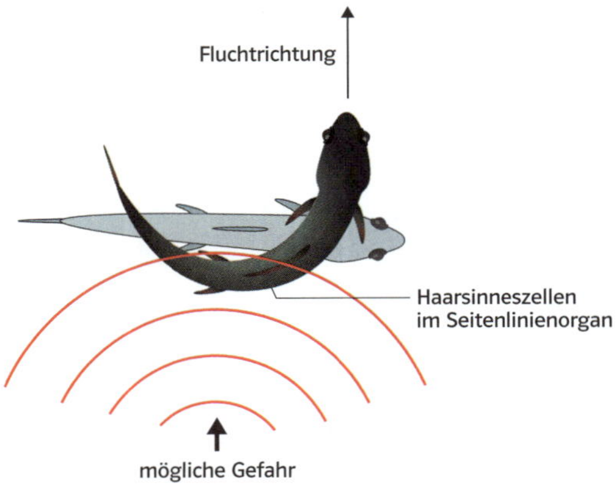

2 Fluchtreflex mit kurzzeitiger „C-Stellung"

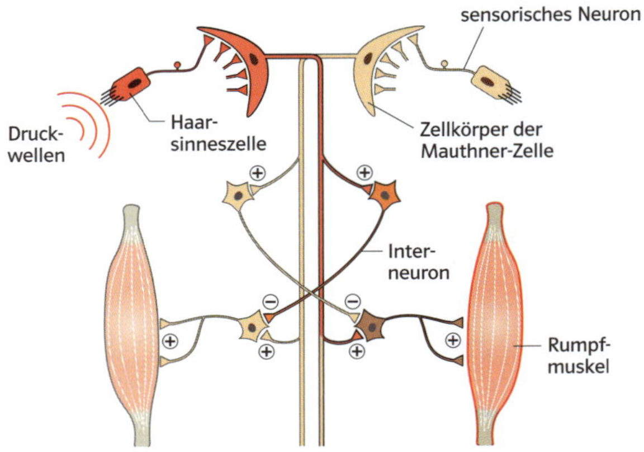

3 Verschaltung zum Fluchtreflex im Fisch

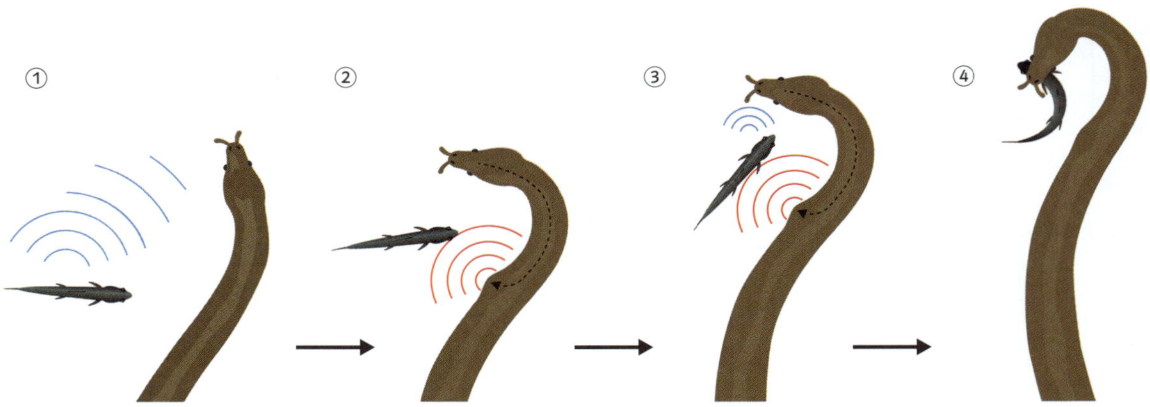

3 Beutefangverhalten der Fühlerschlange

Aufgaben

25/100 ○ **1** Beschreiben Sie die Fluchtreaktion des Fisches [B 2 und 3].

25/100 ○ **2** Auch die Fühlerschlange vermag mit ihren Fühlern Druckwellen im Wasser wahrzunehmen. Erläutern Sie das Beutefangverhalten der Fühlerschlange [B 4].

50/100 ◒ **3** Begründen Sie die Reaktion des Fisches, der Schlange direkt ins Maul zu schwimmen, statt einen anderen Fluchtweg einzuschlagen.

Ruhepotenzial

Wird am Axon einer Nervenzelle die Spannung gemessen, so zeigt sich zwischen der intra- und der extrazellulären Seite der Membran eine Potenzialdifferenz von ca. – 70 mV, das Ruhepotenzial. Verantwortlich für diese Potenzialdifferenz sind Konzentrationsgradienten, die Permeabilität der Membran für verschiedene Ionen sowie Anziehungs- und Abstoßungskräfte.

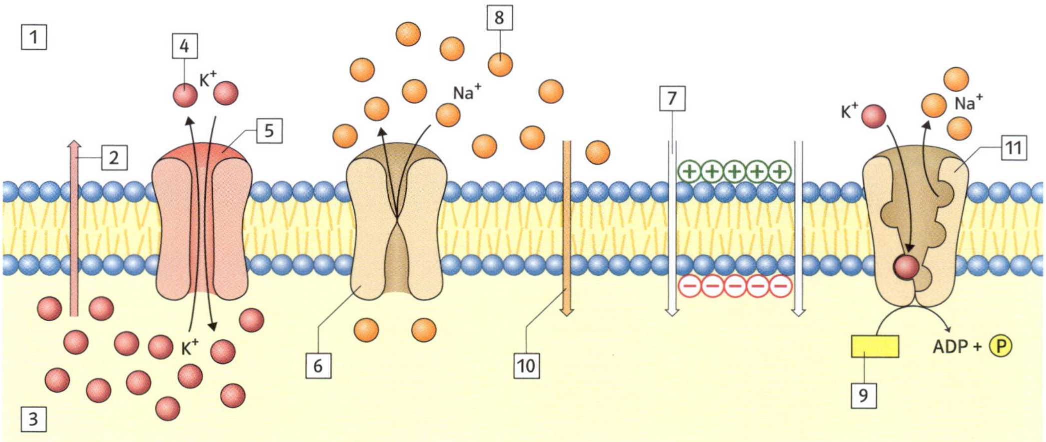

1 Vorgänge zur Erhaltung des Ruhepotenzials

Nr.	Fachbegriff	Nr.	Fachbegriff
	Cytoplasma		Konzentrationsgefälle für Natrium-Ionen
	Natrium-Kalium-Ionen-Pumpe		ATP
	extrazellulärer Raum		Kalium-Ionen-Kanal
	Natrium-Ionen-Kanal		Anziehung durch negative Ladungsträger
	Konzentrationsgefälle für Kalium-Ionen		Natrium-Ion
	Kalium-Ion		

2 Zuordnung von Fachbegriffen

Ausbildung des Ruhepotenzials

Für die Natrium-Ionen liegt ____ vor. Auf ____ der Membran befinden sich mehr Natrium-Ionen als auf ____. Da der Natrium-Ionen-Kanal ____ ist, können keine (kaum) Natrium-Ionen in den Zellinnenraum diffundieren. Anders herum verhält es sich mit den Kalium-Ionen. Der Kalium-Ionen-Kanal ist ____, sodass einige der Kalium-Ionen durch ____ in den extrazellulären Raum gelangen. Dieser Ionenbewegung wirkt jedoch ____ negativer Ladungsträger im intrazellulären Raum und ____ positiver Ladungsträger im extrazellulären Raum entgegen. Insgesamt entsteht durch die Diffusion ____ eine negative Spannung, ____. Zwar ist die Permeabilität der Membran für Natrium-Ionen sehr gering, dennoch würde die negative Spannung durch ____ auf Dauer abnehmen. Die ____ wirkt dem entgegen und sorgt für die Aufrechterhaltung des Ruhepotenzials. Durch die Ionen-Pumpe werden aktiv drei ____ hinaus und zwei ____ in die Zelle hineintransportiert.

3 Ruhepotenzial

A	der Kalium-Ionen
B	ein Konzentrationsgefälle
C	Kalium-Ionen
D	der Membraninnenseite
E	Leckströme
F	geschlossen
G	erleichterte Diffusion
H	die Abstoßung
I	die Anziehung
J	geöffnet
K	der Außenseite
L	das Ruhepotenzial
M	Natrium-Ionen
N	Natrium-Kalium-Ionen-Pumpe

Aufgaben

40/100 ○ **1** Ordnen Sie die Ziffern aus [B 1] in die Tabelle [B 2] ein.

60/100 ◒ **2** Ergänzen Sie [B 3], indem Sie die entsprechenden Buchstaben in den Lückentext einsetzten.

Aktionspotenzial

Wenn eine Erregung ein Neuron erreicht, kann sie dort eine Depolarisation auslösen. Depolarisation bedeutet, dass die positive Ladung im Intrazellularraum für kurze Zeit zunimmt. Die selektiv permeable Membran wird für bestimmte Kationen durchlässiger. Ist diese Depolarisation groß genug, überschreitet sie also den Schwellenwert, dann können Aktionspotenziale entstehen, die als Erregung entlang der Nervenzelle weitergeleitet werden.

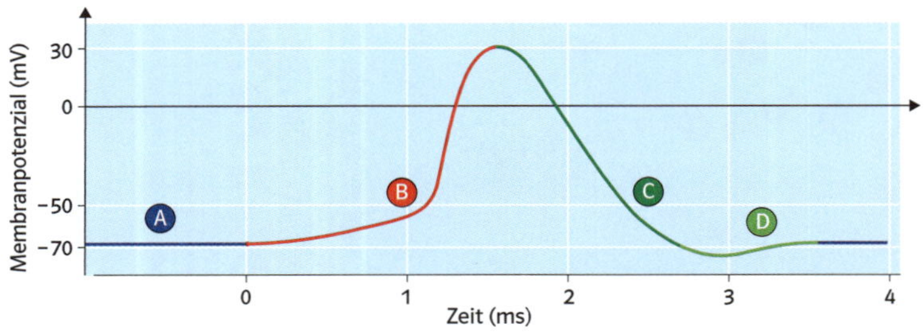

1 Aktionspotenzial

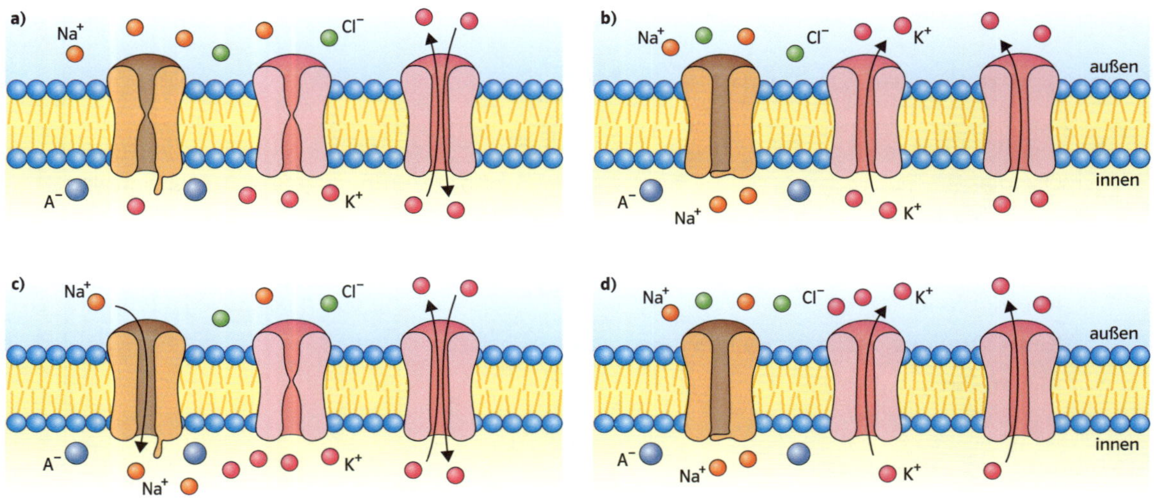

2 Öffnen und Schließen von spannungsgesteuerten Ionenkanälen im Verlauf eines Aktionspotenzials

Aufgaben

10/100 ○ **1** Benennen Sie die Phasen A – D des Aktionspotenzials in [B 1].

10/100 ○ **2** Ordnen Sie die Abbildungen a) – d) aus [B 2] den Phasen A – D von [B 1] zu.

25/100 ◒ **3** Entwickeln Sie ein Verlaufsschema für die Vorgänge beim Auftreten eines Aktionspotenzials.

25/100 ◒ **4** Erläutern Sie die Bedeutung der spannungsgesteuerten Natrium-Ionenkanäle beim Ablauf eines Aktionspotenzials.

30/100 ● **5** Begründen Sie die höhere Konzentration der Kalium-Ionen im Intrazellularraum, obwohl der nicht spannungsabhängige Kalium-Ionenkanal geöffnet ist [B 2].

Erforschung des Aktionspotenzials

Die grundlegenden physiologischen Vorgänge innerhalb von Nervenzellen konnten bereits 1963 mithilfe des Oszilloskops aufgeklärt werden. Es folgten zahlreiche Versuche, um konkretere Aussagen zur Entstehung eines Aktionspotenzials machen zu können.
So wurden beispielsweise Experimente am Axon von Tintenfischen durchgeführt. Dazu tauchte man das besonders dicke Riesenaxon während der Messungen in unterschiedlich konzentrierte Außenlösungen [B 2]. Durch den Einsatz verschiedener Substanzen, die die Kalium- bzw. Natrium-Ionenkanäle blockieren, konnte der Ionenstrom durch die Zellmembran genauer differenziert werden [B 3].

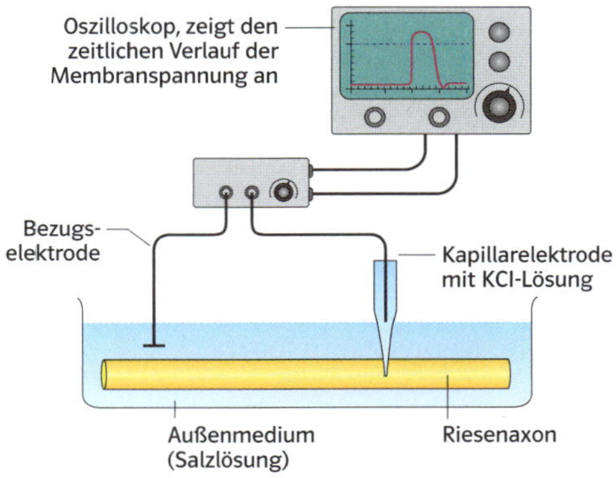

1 Messung der Membranspannung am Riesenaxon

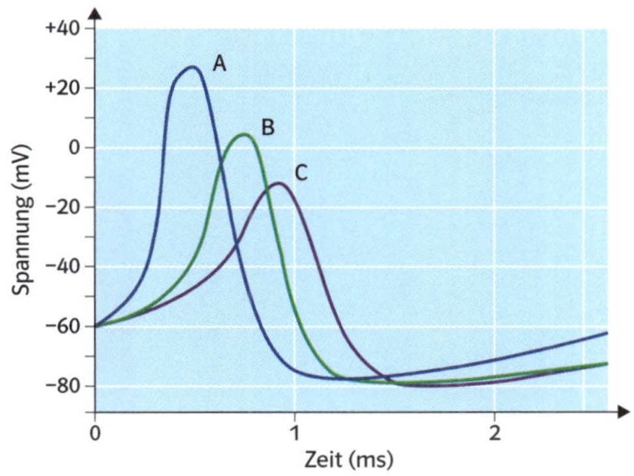

2 Membranpotenzial bei unterschiedlichen Außenlösungen

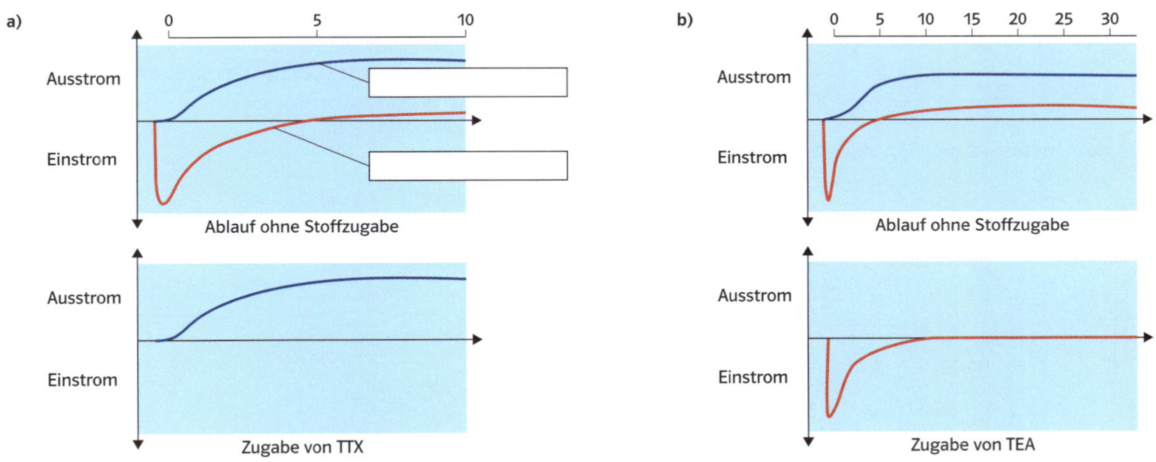

3 Kalium- und Natrium-Ionenströme im zeitlichen Verlauf (ms)

Aufgaben

20/100 ○ **1** In einem Experiment gemäß [B 1] wurde die Membranspannung an einem Riesenaxon des Tintenfisches in einem Außenmedium mit relativ hoher, mittlerer und geringer Natriumchlorid-Konzentration gemessen. Ordnen Sie begründet die Kurvenverläufe aus [B 2] den genannten Außenmedien zu.

20/100 ○ **2** Beschriften Sie die Kurven des Kontrollversuchs [B 3a].

30/100 ◒ **3** Entwickeln Sie unter Verwendung von [B 3] eine begründete Hypothese zur Wirkung der Substanzen Tetrodotoxin (TTX) und Tetraethylammonium (TEA).

30/100 ◒ **4** Erläutern Sie die grundsätzlichen Erkenntnisse zum Ablauf eines Aktionspotenzials, die sich aus den Ergebnissen der Versuchsansätze in [B 3] gewinnen lassen.

Klappfalle mit Aktionspotenzial

Pflanzen haben keine Nervenzellen, die Venusfliegenfalle (*Dionaea muscipula*) besitzt aber Zellen, die durch chemische Signale elektrisch erregt werden können. Die Venusfliegenfalle ist eine fleischfressende Pflanze. Sie kann bei Reizung ihr Fangblatt äußerst schnell zusammenklappen und Insekten oder Spinnen fangen [B 1]. Auf den Fangblättern sind mehrere Fühlborsten verteilt. Durch Umbiegen dieser Fühlborsten werden bestimmte Zellen erregt [B 3]. Die Erregung verbreitet sich schnell über das gesamte Fangblatt, sodass die Klappfalle schließt.

1 Fangblatt (links), Fangblatt mit Fühlborsten (rechts)

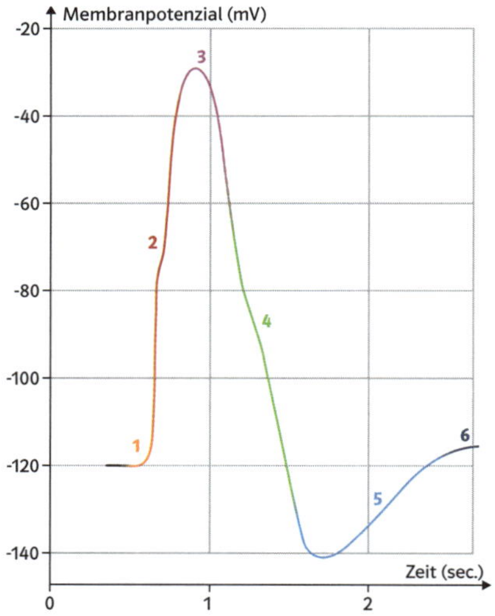

2 Aktionspotenzial der Venusfliegenfalle

	Ionenfluss durch …
1	Calcium-Ionen-Kanäle, Öffnung mechanisch ausgelöst, passiver Transport
1	Calcium-Ionen-Kanäle (ER), passiver Transport
2	Chlorid-Ionen-Kanäle, passiver Transport
3	Kalium-Ionen-Kanäle, passiver Transport
4	Wasserstoff-Ionen-Pumpen, aktiver Transport
5	Calcium-Ionen-Pumpen, aktiver Transport
6	Kalium-Ionen-Transporter (sekundär aktiver Transport als Symport mit Wasserstoff-Ionen)
6	Chlorid-Ionen-Transporter (sekundär aktiver Transport als Symport mit Wasserstoff-Ionen)

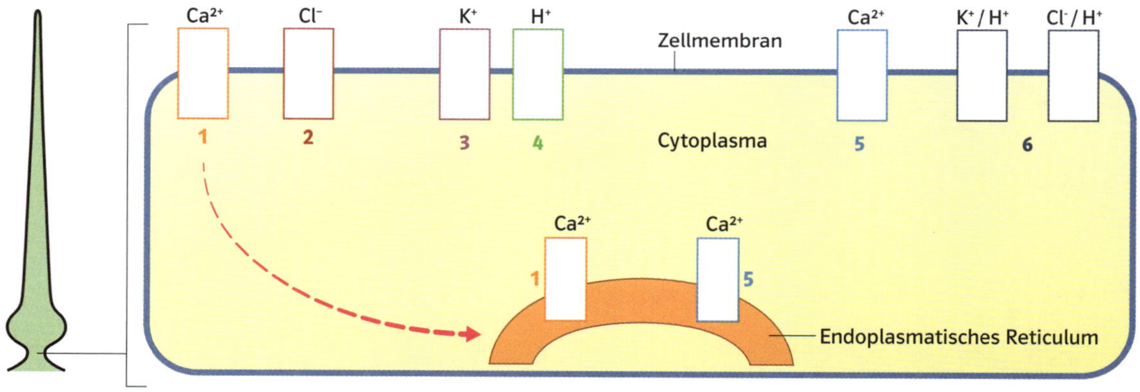

3 Fühlborste (links) und Pflanzenzelle mit Ionenstrom während des Aktionspotenzials

Aufgaben

10/100 ○ **1** Beschreiben Sie anhand des Eingangstextes und mithilfe von [B 1], wie die Venusfliegenfalle ein Insekt fängt.

40/100 ◒ **2** Ergänzen Sie in [B 3] die Bewegungsrichtung der Ionen, indem Sie Pfeile in die dafür vorgesehenen leeren Kästchen eintragen.

50/100 ● **3** Erläutern Sie anhand der Materialien detailliert die Entstehung und den Verlauf des Aktionspotenzials bei der Venusfliegenfalle bis zur Rückkehr zum Ruhepotenzial [B 1 bis 3].

Das Fressverhalten eines Blutegels

Der Medizinische Blutegel (*Hirudo medicinalis*) ist ein guter Schwimmer. An Land bewegen sich die Tiere mit zwei Saugnäpfen vorwärts, die sich an den jeweiligen Körperenden befinden [B 1]. Sie können eine Körpergröße von ca. 15 cm erreichen. Die Egel heften sich im Wasser mit Saugnäpfen an größere Säugetiere und ritzen mit scharfen „Zähnchen" die Haut des Tieres auf. Daraufhin sondern die Speicheldrüsen Hirudinin in die Wunde ab. Hirudinin ist eine gerinnungshemmende Substanz. Sogleich beginnt der Egel, mit rhythmischen Kontraktionen der Muskulatur Blut zu saugen. Ist sein Magen gefüllt, lässt sich der Blutegel fallen.

1 Blutegel

Bestimmte Neurone im Strickleiternervensystem steuern das Fressverhalten dieser Tiere, sodass diese erst mit dem Saugen beginnen, wenn sie auf dem Wirt sitzen und die Nahrungsaufnahme beenden, bevor sie platzten.

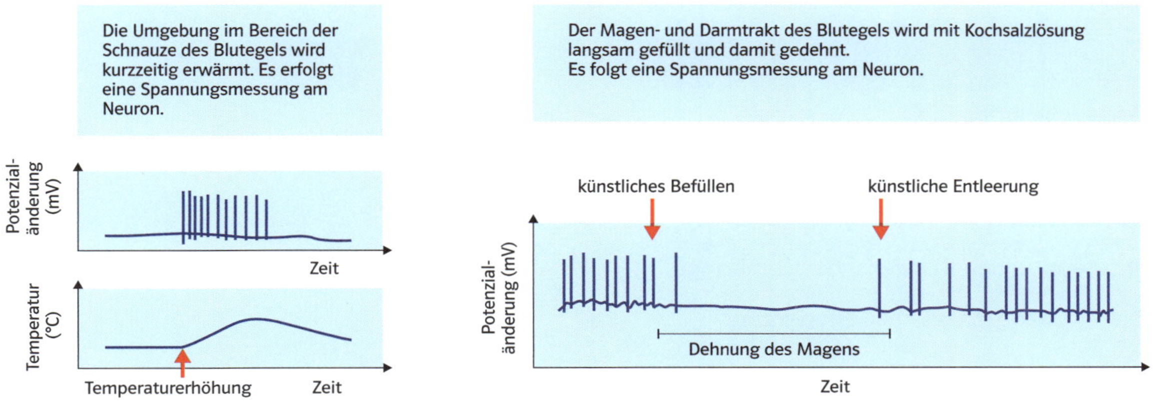

2 Versuch 1: Reaktion von unterschiedlichen Neuronen des Stickleiternervensystems des Blutegels

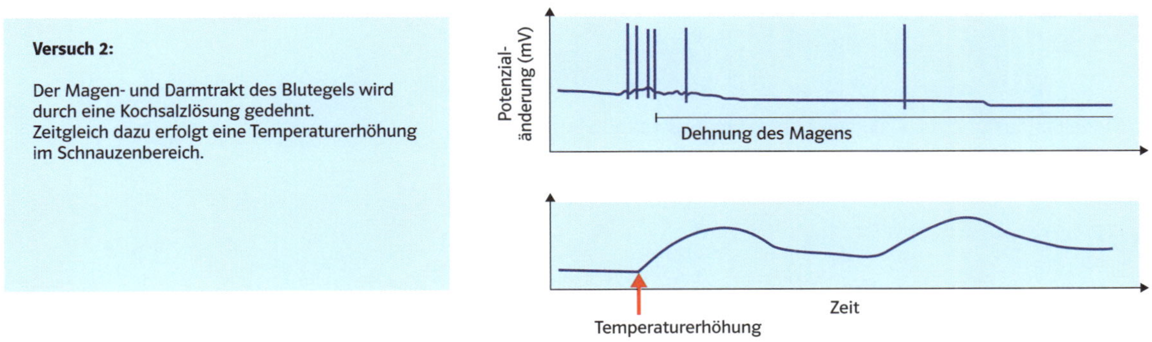

3 Versuch 2: Erregungen von Neuronen, die Pumpbewegungen des Magens steuern

Aufgaben

20/100 ○ **1** Entwickeln Sie Fragestellungen zu den in [B 2] dargestellten Versuchen.

30/100 ◒ **2** Beschreiben Sie anhand von [B 2] das jeweilige Versuchsergebnis.

50/100 ● **3** Leiten Sie die biologische Bedeutung des in [B 3] gezeigten Versuchsergebnisses ab.

Saltatorische Erregungsweiterleitung

An markhaltigen Neuriten erfolgt die Erregungsweiterleitung saltatorisch. Die Axone dieser Neuronen sind von einer Myelinscheide umgeben, die stellenweise durch die Ranvier'schen Schnürringe unterbrochen ist.

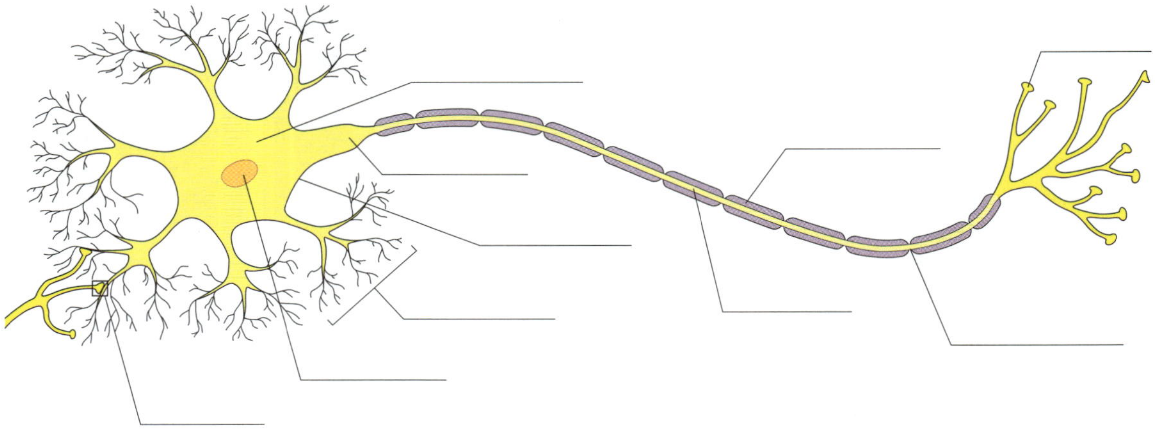

1 Neuron eines Wirbeltieres

Funktion	Struktur
Erregungsaufnahme	
Generierung von Aktionspotenzialen, Verrechnung	
Weiterleitung von Aktionspotenzialen	
Isolation, bilden Ranvier´sche Schnürringe	
saltatorische Erregungsweiterleitung	
Erregungsübertragung	

2 Zuordnung von Funktionen und Zellstrukturen

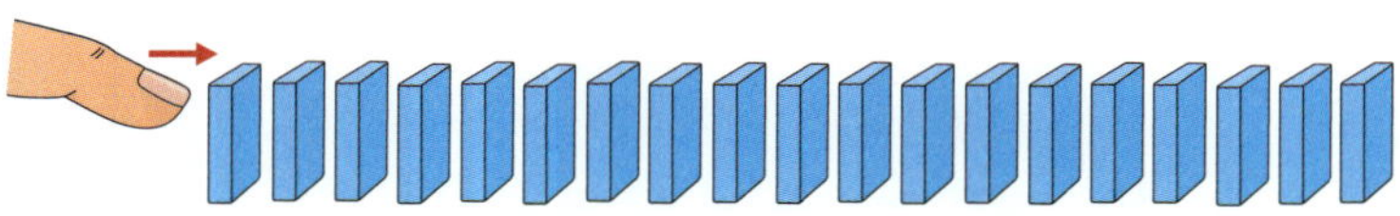

3 Modelldarstellung zur Simulation der Erregungsweiterleitung

Aufgaben

20/100 ○ **1** Beschriften Sie [B 1] und ordnen Sie den in [B 2] genannten Funktionen die entsprechenden Strukturen einer Nervenzelle zu.

30/100 ◒ **2** Bestimmen Sie, was in der Modelldarstellung in [B 3] einem Reiz und was einem Aktionspotenzial entspricht.

50/100 ◒ **3** Erläutern Sie die neurophysiologischen Auswirkungen an einem Axon bei folgenden Vorgängen am Beispiel der Modelldarstellung [B 3]:

1. Das Antippen des ersten Dominosteins bringt den Stein nur zum Schwanken, aber nicht zum Kippen.
2. Das Antippen des ersten Steins erfolgt viel heftiger als benötigt, um den ersten Stein zum Kippen zu bringen.
3. Die Abstände der Dominosteine werden vor dem Antippen vergrößert.

Geschwindigkeit der Erregungsweiterleitung

Die Weiterleitung von Erregungen erfolgt in Neuronen durch fortlaufend neu erzeugte Aktionspotenziale. Die Geschwindigkeit der Erregungsweiterleitung hängt entscheidend vom Durchmesser des Axons ab. Die Riesenaxone von Tintenfischen der Gattung *Loligo* erreichen die Dicke einer Bleistiftmine. Dies ermöglicht dem Tier schnelle Fluchtreaktionen.

1 Loligo („Tintenfisch")

Werden wie bei *Loligo* durchgängig entlang des Axons Aktionspotenziale ausgelöst, so spricht man von der kontinuierlichen Erregungsweiterleitung. Bei der saltatorischen Erregungsweiterleitung werden Aktionspotenziale dagegen nur an bestimmten Stellen, an den Ranvier'schen Schnürringen, generiert. Dies sind Unterbrechungen der Myelinscheide, die von den Schwann'schen Zellen gebildet wird [B 2].

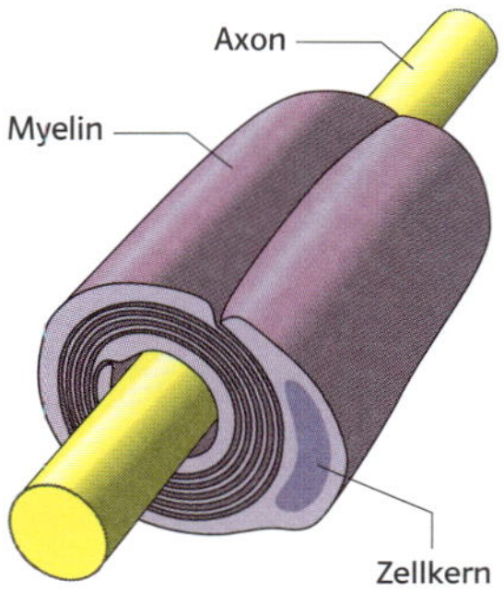

2 Myelinscheide

3 Papierrolle

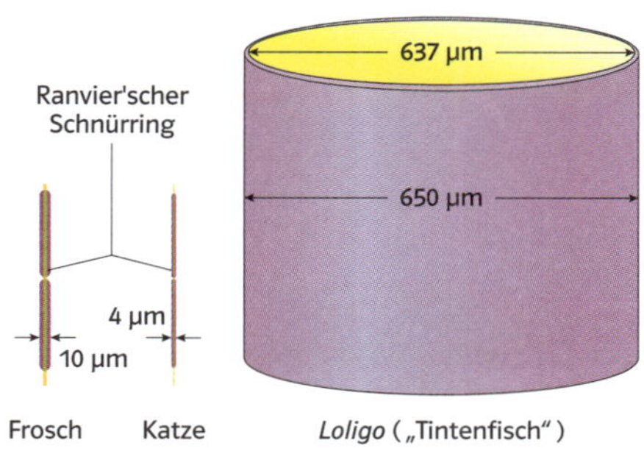

4 Größenverhältnis dreier Axone im Vergleich

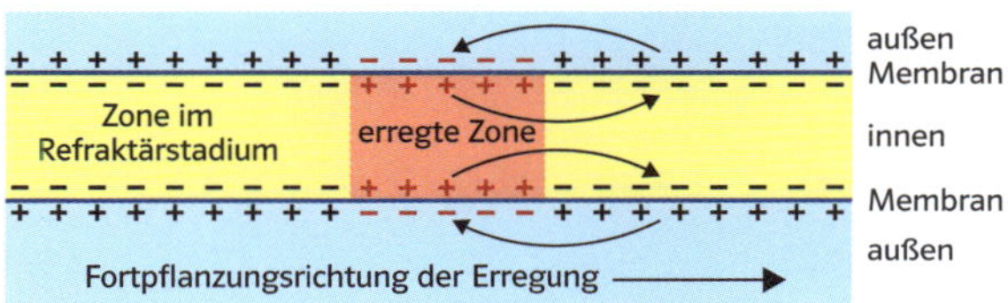

5 Kontinuierliche Erregungsweiterleitung

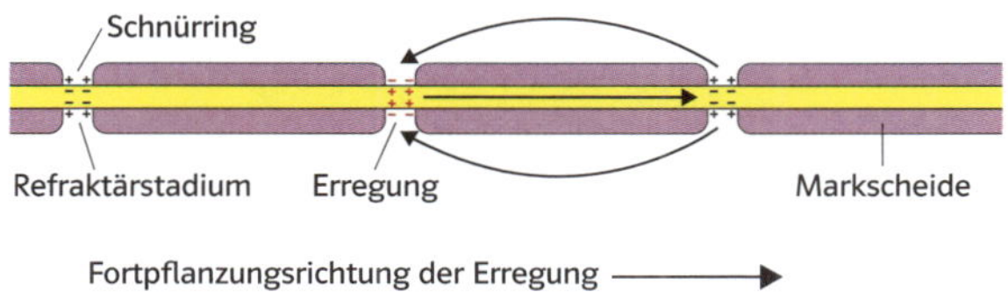

6 Saltatorische Erregungsweiterleitung

	Tier	Nervenfasertyp	Leitungsgeschwindigkeit (m/s)
1	Loligo	nicht myelinisiert	25
2	Frosch	myelinisiert	42
3	Katze	myelinisiert	120

7 Geschwindigkeit der Erregungsweiterleitung

Aufgaben

25/100 ○ **1** Ein myelinisiertes Axon [B 2] lässt sich mit einer Papierrolle [B 3] als Modelldarstellung vergleichen. Zeigen Sie Gemeinsamkeiten auf.

25/100 ○ **2** Vergleichen Sie anhand von [B 5 und 6] die kontinuierliche mit der saltatorischen Erregungsweiterleitung, auch im Hinblick auf den ATP-Verbrauch.

50/100 ◒ **3** Erläutern Sie unter Verwendung von [B 4 und 7] den Zusammenhang zwischen Struktur und Funktion bei den verschiedenen Neuronen.

Erregungsübertragung über Synapsen

Synapsen verbinden zwei Neuronen bzw. Nerven- und Muskelzelle. Man unterscheidet zwei Synapsentypen: die elektrische und die chemische Synapse, die für die Erregungsübertragung einen Transmitter benötigt. Nervenzelle, Synapse und Muskelfaser bilden eine Funktionseinheit. An der Muskelfaser bewirkt die Ausschüttung von Acetylcholin ein exzitatorisches Potenzial, das zur Kontraktion der Muskelfaser führt.

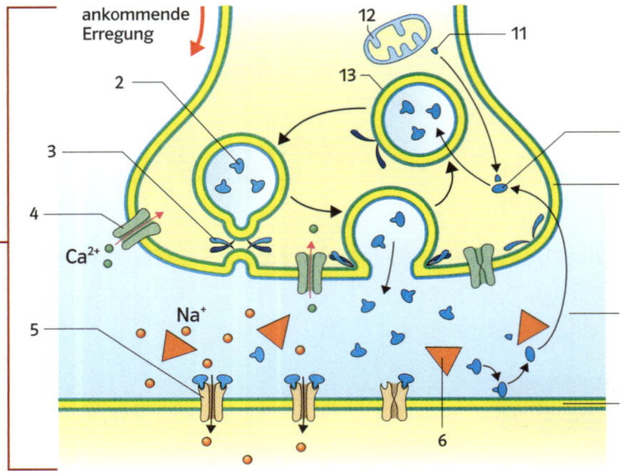

1 Chemische Synapse

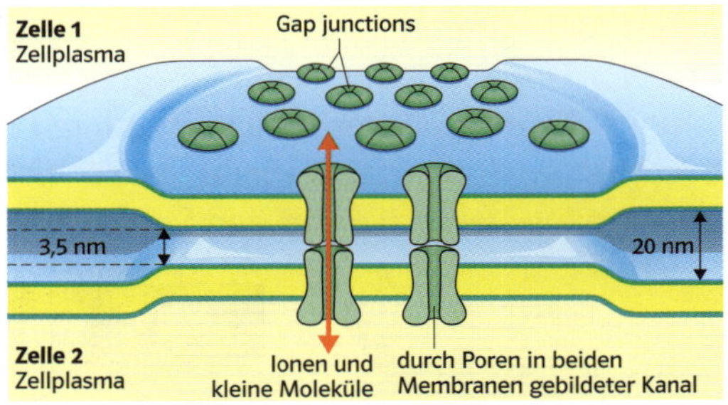

2 Elektrische Synapse

Fragestellung:____

Experiment: Eine Nervenzelle wird in eine physiologische Salzlösung gegeben. Die Actylcholin-Ausschüttung wird unter vier verschiedenen Versuchsbedingungen gemessen:

Versuchs-bedingungen	Vorgehen	Vermutung
1	• Calcium-Ionen freie Außenlösung • elektrischer Impuls	
2	• Calcium-Ionen freie Außenlösung • Gabe einer Lösung mit Calcium-Ionen durch eine Mikropipette direkt am Endknöpfchen • elektrischer Impuls	
3	• Calcium-Ionen freie Außenlösung • plötzliche Gabe einer konzentrierten Lösung mit Calcium-Ionen in die Außenlösung	
4	• Calcium-Ionen freie Außenlösung • Calciumgabe nach der elektrischen Reizung direkt auf die postsynaptische Muskelfaser	

3 Versuchsreihe zu Vorgängen an der chemischen Synapse

Aufgaben

10/100 ○ **1** Geben Sie für die Ziffern in [B 1] die entsprechenden Fachbegriffe an.

20/100 ○ **2** Vergleichen Sie die Erregungsweiterleitung einer chemischen Synapse mit der einer elektrischen [B 1 und 2].

20/100 ○ **3** Formulieren Sie eine Fragestellung zu der in [B 3] gezeigten Versuchsreihe und tragen Sie diese als Überschrift ein.

50/100 ● **4** Erläutern Sie, ob in den Versuchen 1 – 4 in [B 3] eine Acetylincholin-Ausschüttung stattfindet. Tragen Sie Ihre Vermutung in die Tabelle ein und begründen Sie Ihre Aussage.

Hemmende Synapsen

Je nach Art der Synapse bewirken Transmitter an der postsynaptischen Membran eine Depolarisation oder eine Hyperpolarisation. Die Ausstattung der postsynaptischen Membran mit spezifischen Rezeptoren und Ionenkanälen beeinflusst die Wirkung an der Synapse eintreffender Aktionspotenziale. Dabei kann derselbe Transmitter an unterschiedlichen Zellen inhibitorisch oder exzitatorisch wirken. Der Transmitter Acetylcholin hat zum Beispiel normalerweise eine exzitatorische Wirkung, in einigen Fällen wirkt er jedoch inhibitorisch.

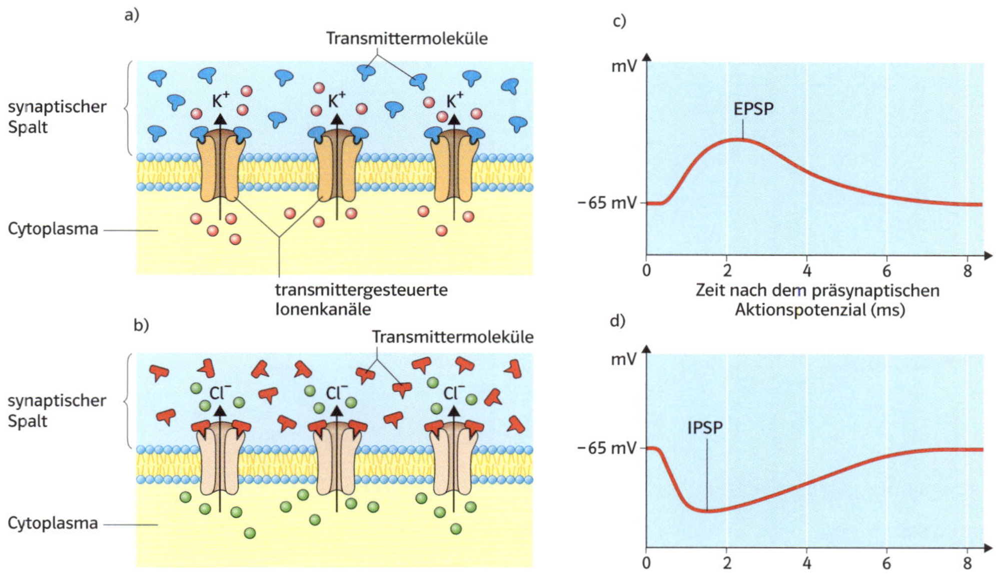

1 Postsynaptische Vorgänge (links), Potenzialänderungen bei der postsynaptischen Zelle (rechts)

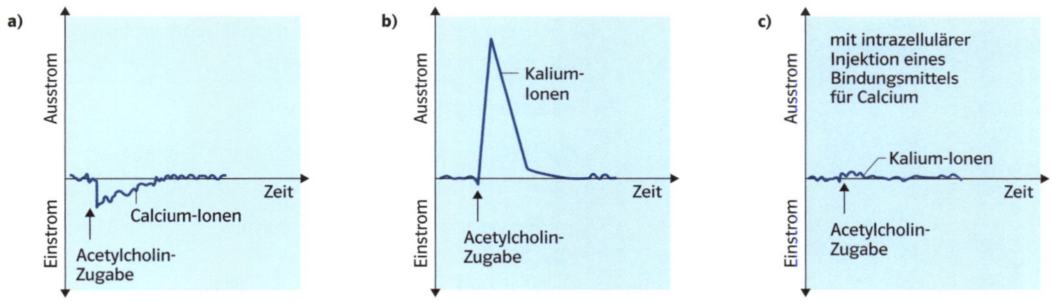

2 Messergebnisse zur hemmenden Wirkung des Transmitters Acetylcholin an einer Hörnervenzelle

Aufgaben

30/100 ○ **1** Ordnen Sie [B 1a und 1b] [B 1c und 1d] begründet zu.

40/100 ◒ **2** Beschreiben Sie die Messergebnisse an einer Nervenzelle aus dem Gehörgang eines Huhns [B 2a und b] und erläutern Sie, ob durch Acetylcholin (ACh) ein exzitatorisches oder ein inhibitorisches Potenzial entsteht.

20/100 ● **3** Stellen Sie unter Berücksichtigung von Bild 2c eine begründete Hypothese zur Wirkung von Calcium-Ionen auf Kalium-Ionen-Kanäle auf und beschreiben Sie anschließend zusammenhängend die Prozesse, die vermutlich nach Gabe von Acetylcholin ablaufen.

Neuromuskuläre Synapsen

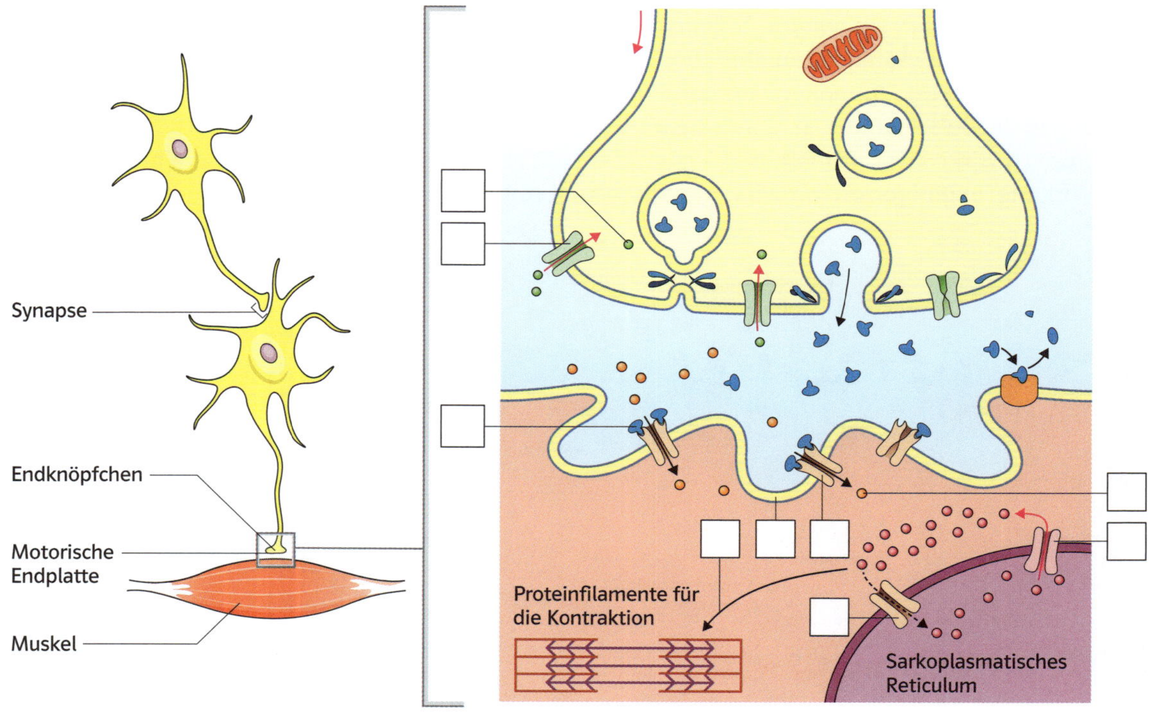

1 Vorgänge an einer neuromuskulären Synapse

	Fachbegriff
A	Natrium-Ionen
B	Calcium-Ionen-Pumpen
C	Depolarisation
D	Aktionspotenzial
E	Calcium-Ionen
F	Calcium-Ionen-Kanäle
G	T-Tubuli
H	Natrium-Ionen-Kanäle
I	Rezeptoren

2 Fachbegriffe und Vorgänge

	Vorgänge
1	Acetylcholin bindet an … der postsynaptischen Membran.
2	Wenn am Endknöpfchen eines Motoneurons ein … eintrifft, werden … geöffnet.
3	Rezeptorgesteuerte …öffnen sich.
4	Durch … werden die …nach der Kontraktion zurück in das Sarkoplasmatische Reticulum gepumpt.
5	Der Einstrom von … führt zu einer … der Muskelzelle.
6	Die Depolarisation breitet sich über Einstülpungen der Zellmembran, die … , aus.
7	… lösen die Freisetzung des Neurotransmitters Acetylcholin aus.
8	… des Sarkoplasmatischen Reticulums werden geöffnet.
9	… lösen die Kontraktion des Muskels aus.

Aufgaben

60/100 ● **1** Ordnen Sie die Buchstaben der jeweiligen Fachbegriffe den entsprechenden Vorgängen zu, indem Sie die Buchstaben in den Text einfügen. (Doppelnennungen sind möglich.)

40/100 ◒ **2** Bringen Sie die Aussagen in die richtige Reihenfolge: _ _ _ _ _ _ _ _ _. Ergänzen Sie [B 1], indem Sie an entsprechender Stelle die zugehörige Nummer des Vorgangs eintragen.

Myasthenia gravis, eine neurodegenerative Erkrankung

Eine 25-jährige Frau bemerkt seit einiger Zeit, dass es ihr mitunter schwerfällt, die Augenlider zu öffnen. Auch Sehstörungen treten auf, sie sieht Doppelbilder. Als vor einigen Tagen die Verwandten zu Besuch waren, hatte sie Schwierigkeiten Kaffee einzuschenken. Es fiel ihr schwer, die Kaffeekanne zu halten und einzuschenken, ohne etwas zu verschütten. Die Diagnose des Arztes lautete *Myasthenia gravis*, eine Autoimmunerkrankung, bei der körpereigene Antikörper die Funktion der Acetylcholinrezeptoren stören.

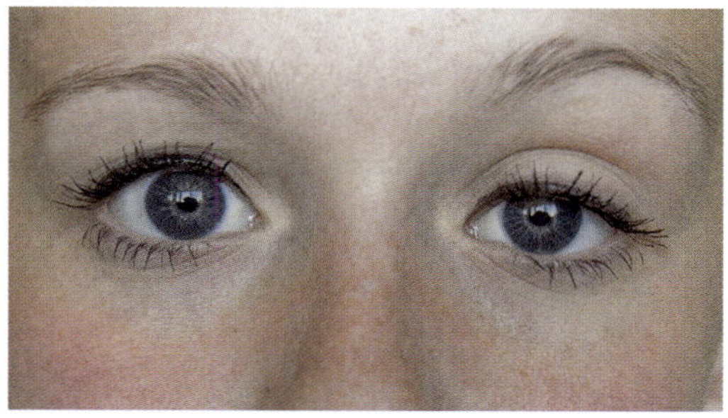

1 Symptom von *Myasthenia gravis*

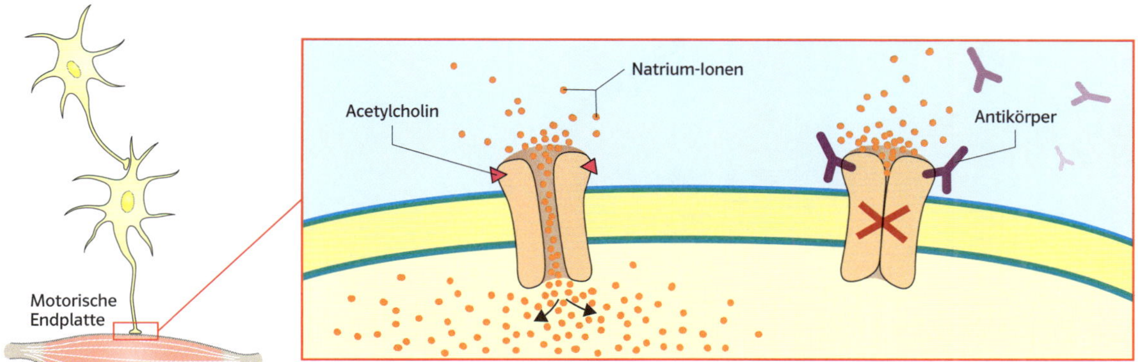

2 Erregungsübertragung an einer chemischen Synapse und Ursache von Myasthenia gravis

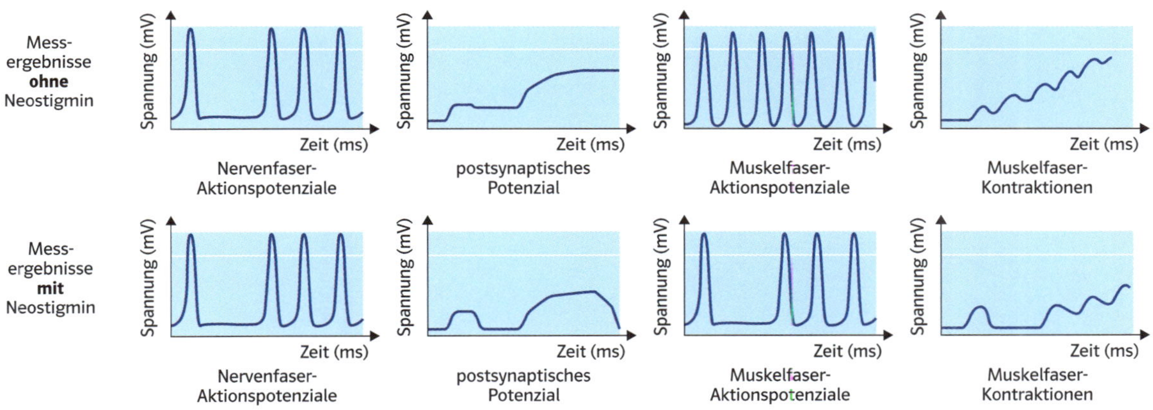

3 Potenzialableitungen und Kontraktionsstärke

Aufgaben

20/100 ○ **1** Beschreiben Sie die Funktion von Acetylcholin an einer chemischen Synapse [B 2].

30/100 ◒ **2** Erläutern Sie die Entstehung der Symptome von Myastenia gravis unter Verwendung von [B 2].

50/100 ● **3** Begründen Sie anhand von [B 3] die Linderung der Symptome von Myasthenia gravis bei Einnahme des Medikaments Neostigmin.

Funktion von Synapsen

Bei der Verrechnung von Erregungen sind Synapsen von großer Bedeutung. Dabei gibt es grundsätzlich zwei Arten von Synapsen. Wird über die Synapse ein exzitatorisches postsynaptisches Potenzial ausgelöst, handelt es sich um eine erregende Synapse, wird ein inhibitorisches postsynaptisches Potenzial ausgelöst, liegt eine hemmende Synapse vor. Oftmals findet man auf Soma und Dendriten von Nervenzellen viele solcher Synapsen, sodass am Axonhügel eine Verrechnung stattfindet.

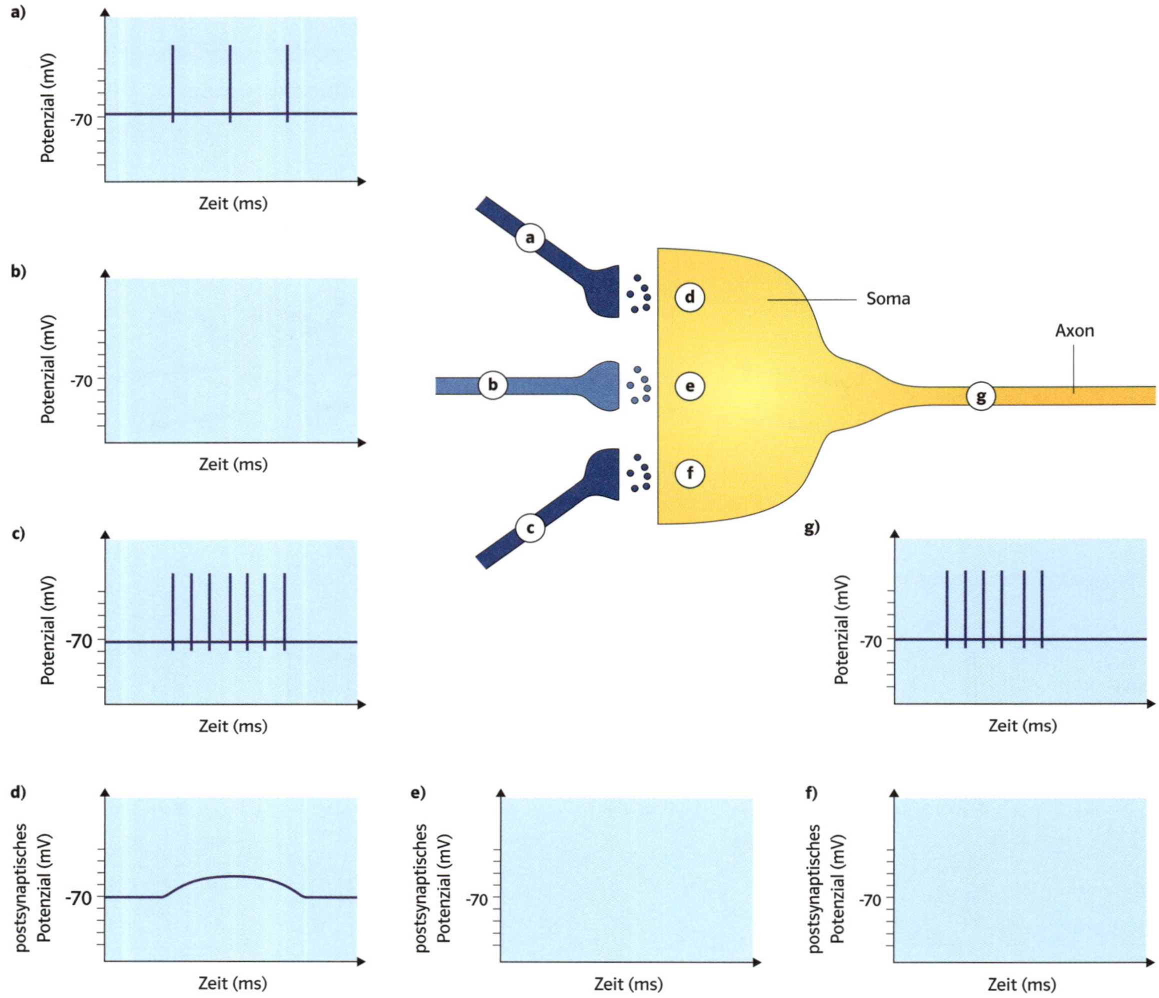

1 Verrechnung von Aktionspotenzialen erregender (a und c) und hemmender (b) Synapsen

Aufgaben

30/100 **1** Zeichnen Sie die entsprechenden Spannungsverläufe der Messpunkte b), e) und f) in die jeweiligen Diagramme in [B 1] ein.

35/100 **2** Vergleichen Sie die unterschiedlichen Ergebnisse der Messstellen d) und e) und erklären Sie die Unterschiede.

35/100 **3** Erläutern Sie das Messergebnis an der Messstelle g).

Neurotoxine

Viele Nervengifte (Neurotoxine) entfalten ihre Wirkung an der Synapse. Einige Pflanzen und Tiere nutzen diese Neurotoxine, um sich vor potenziellen Schädlingen bzw. vor Fressfeinden zu schützen oder zum Betäuben bzw. Töten von Beutetieren.

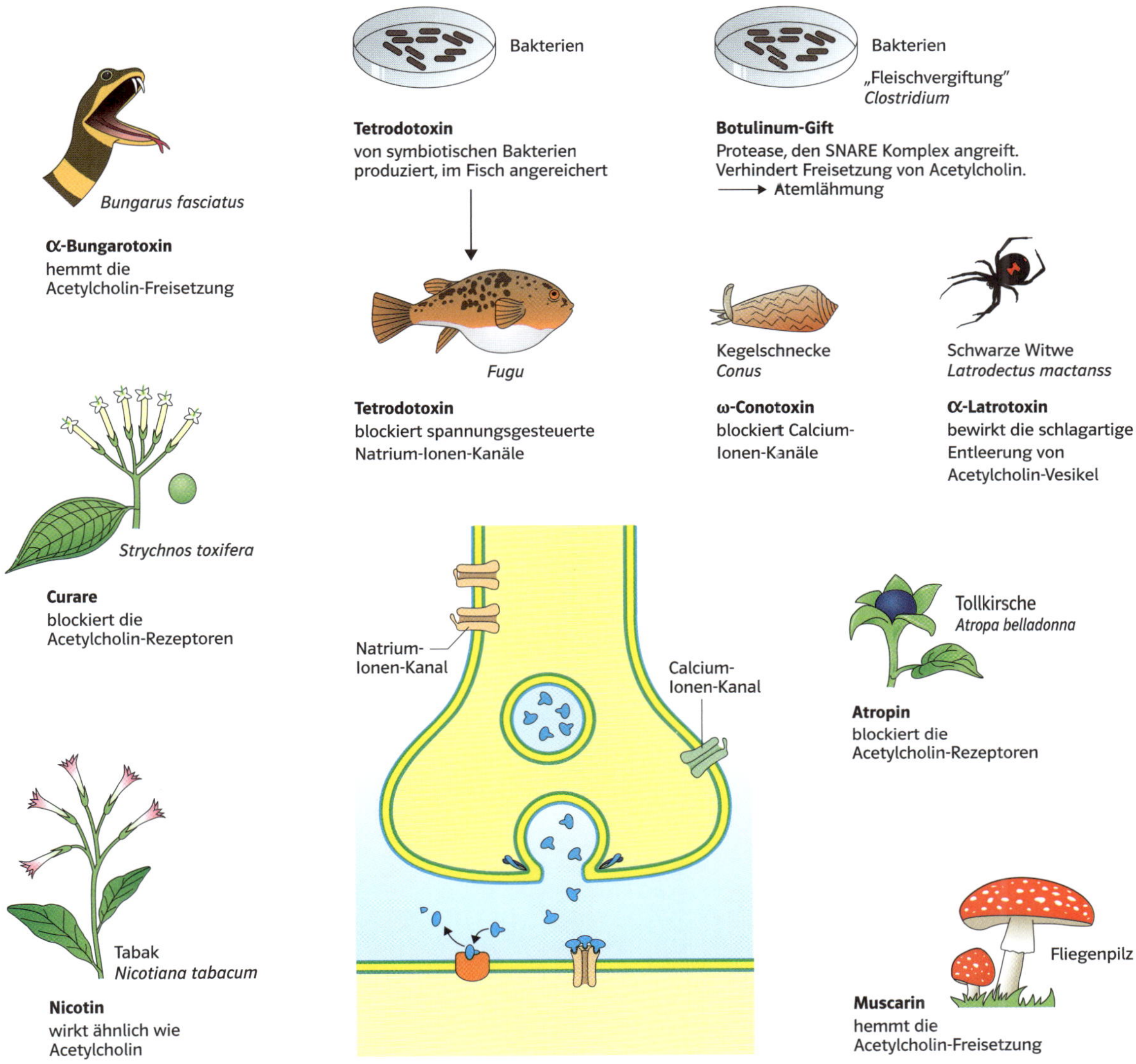

1 Lage der untersuchten Brutkolonien

Aufgaben

25/100 ○ **1** Kennzeichnen Sie die Wirkungsorte der jeweiligen Giftstoffe in [B1], indem Sie Pfeile von den Neurotoxinen zur entsprechenden Stelle an der Synapse ziehen. Differenzieren Sie dabei farblich eine erregende und eine hemmende Wirkungsweise (z. B. erregend: rot, hemmend: schwarz).

25/100 ○ **2** Erläutern Sie die denkbaren Wirkungsmechanismen der jeweiligen Neurotoxine auf die Muskulatur.

50/100 ◒ **3** Das Pflanzenschutzmittel E 605 blockiert die Acetylcholinesterase. Beschreiben Sie die Vergiftungssymptome und begründen Sie, welches der in [B1] aufgeführten Synapsengifte möglicherweise eingesetzt werden könnte, um die Symptome zu mildern.

Der Tod des Sokrates

Der Philosoph Sokrates (469 v. Chr. – 399 v. Chr.) war der Sohn eines Steinmetzes. In jungen Jahren arbeitete auch er in diesem Beruf. Sokrates soll kleingewachsen und von eher unattraktiver Erscheinung gewesen sein. Er besaß jedoch eine große Redegewandtheit und einen außerordentlichen Sinn für Humor. 399 v. Chr. wurde der Philosoph unter anderem wegen Gotteslästerung angeklagt und schließlich zum Tode verurteilt. Freunde von ihm wollten dem Philosophen zur Flucht verhelfen, doch er lehnte ab.

1 Symptom von *Myasthenia gravis*

In der Antike wurde der sogenannte „Schierlingsbecher" für Hinrichtungen genutzt. Auch Sokrates wurde gezwungen, sich selbst mit dem Gift zu töten [B 1]. Der Gefleckte Schierling (*Conium maculatum*) gehört zu den Giftpflanzen. Die Pflanzenteile enthalten das Gift Coniin. Ein Getränk aus dem Saft des Gefleckten Schierlings führt innerhalb von 30 Minuten zum Tod, da das Gift unter anderem eine Lähmung der Atemmuskulatur hervorruft.

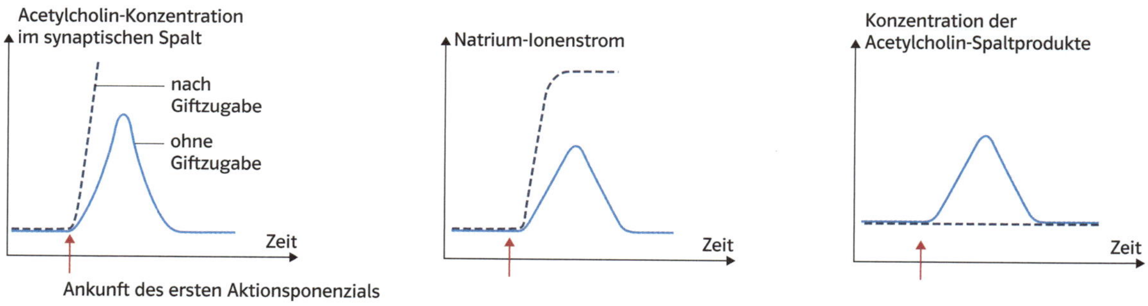

2 Zugabe von Giftstoff X

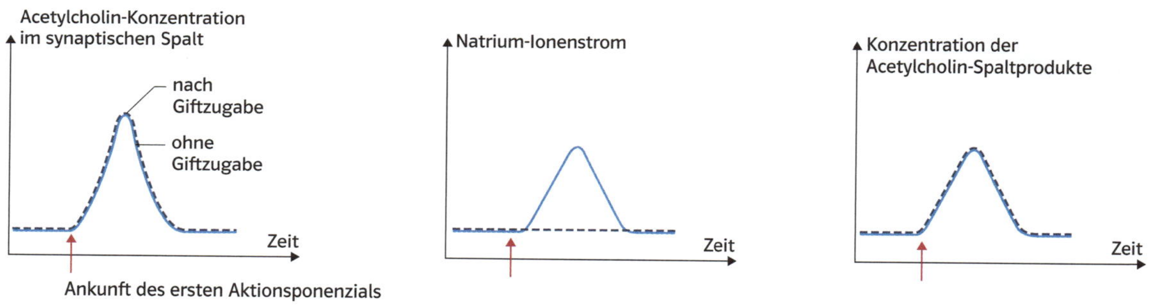

3 Zugabe von Giftstoff Y

Aufgaben

15/100 ○ **1** In einem Experiment wurden Synapsen den Giften X bzw. Y ausgesetzt. Vergleichen Sie die Messergebnisse nach Zugabe der Giftstoffe mit den Normalwerten [B 2 und 3].

35/100 ◒ **2** Erklären Sie anhand der Kurvenverläufe in [B 2 und 3] die Wirkungsweise von Gift X und Gift Y.

35/100 ◒ **3** Entscheiden Sie, durch welchen der beiden gezeigten Giftstoffe Sokrates starb.

15/100 ○ **4** Erläutern Sie, ob es sinnvoll gewesen wäre, dass die Freunde des Sokrates dem Philosophen das jeweils andere Gift als Gegengift verabreicht hätten.

Vergiftung durch Novichok-Gift

Am 13. 03. 2018 berichtete die Frankfurter Allgemeine Zeitung von einem Giftanschlag auf einen ehemaligen Doppelagenten und seine Tochter. Nach einer genauen Diagnose stellte sich heraus, dass das eingesetzte Gift zu den sogenannten Novichok-Nervengiften gehört. Diese sind lipophil und dringen über die Haut und die Atemorgane ins Körpergewebe ein.

> Es muss ein gespenstischer Anblick gewesen sein: Ein älterer Mann, der an einem Sonntagnachmittag weggetreten und wie versteinert auf einer Parkbank sitzt, daneben eine junge Frau, auf dem Boden liegend. So schilderten Augenzeugen die Szene, die sich vor zehn Tagen im Zentrum der englischen Kleinstadt Salisbury abgespielt hat. Schnell zeichnete sich ab, dass es sich bei dem Vorfall um einen Mordanschlag mit politischem Hintergrund handelte ...

1 Bericht über einen Giftanschlag aus der Frankfurter Allgemeinen Zeitung vom 13.03.2018

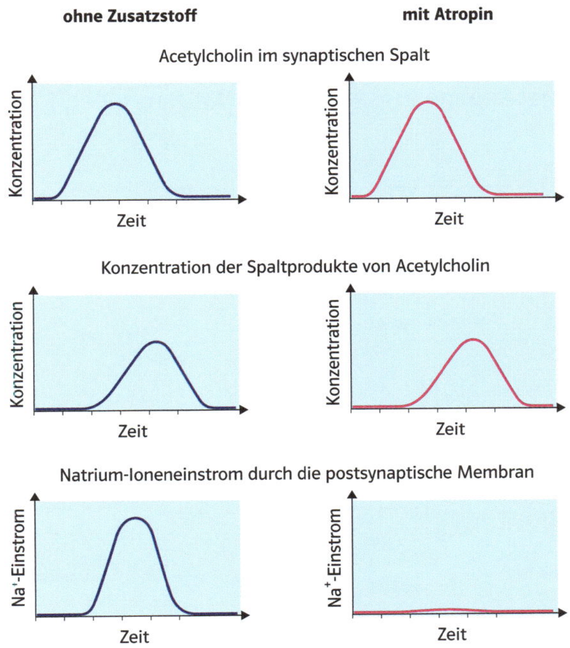

2 Wirkung von Atropin

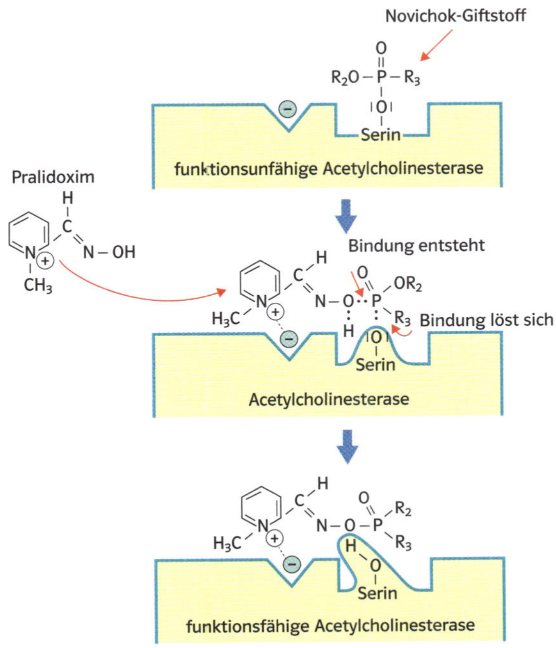

3 Wirkung von Pralidoxim bei Vergiftung durch Novichok-Gift

Aufgaben

05/100 ○ **1** Erläutern Sie die Bedeutung des Tragens von Schutzkleidung bei der Spurensicherung am Tatort.

15/100 ◒ **2** Nervengifte aus der Gruppe der Novichok-Gifte blockieren die Acetylcholinesterase. Erläutern Sie auf molekularer Ebene die Wirkungsweise dieser Gifte und schildern Sie die Auswirkung auf die Muskulatur.

20/100 ◒ **3** Leiten Sie aus [B 2] die Wirkungsweise von Atropin auf die synaptische Erregungsweiterleitung ab.

20/100 ◒ **4** Bei einer Vergiftung durch Novichok wird neben Atropin auch das Gegengift Pralidoxim eingesetzt. Begründen Sie unter Verwendung der [B 2 und 3] den Einsatz von Pralidoxim.

40/100 ● **5** Stellen Sie eine begründete Vermutung an, welches Gift als Sofortmaßnahme geeigneter erscheint.

Giftige Vögel?

Als Forschende verschiedene Vogelpopulationen in Südamerika näher untersuchten, verletzte sich ein Teammitglied beim Fang eines Vogels. Zur Verwunderung des ganzen Teams löste das Lecken über die frische Wunde ein Taubheitsgefühl und ein Brennen im Mundraum aus. Bei dem gefangenen Vogel handelte es sich um einen Pirol [B 1], der zu den Sperlingsvögeln gehört. Einheimische, die sich gern von kleineren Wildvögeln ernähren, meiden diese Vogelart und nennen sie „Abfall-Vogel“, denn diese Vögel sind ungenießbar. Spätere Labor-Untersuchungen zeigten, dass vor allem das Gefieder und die Haut der Tiere ein Gift enthält, das zur Gruppe der Batrachotoxine (BTX) gehört. Batrachotoxine zählen zu den giftigsten natürlichen Substanzen auf der Welt. Diese Neurotoxine verhindern, dass geöffnete spannungsabhängige Natrium-Ionen-Kanäle wieder schließen.

1 Zweifarben Pirol (*Pitohui dichrous*)

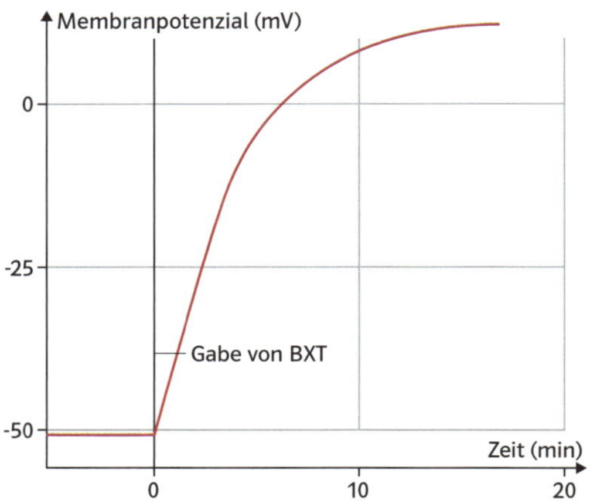

2 Auswirkung von BTX

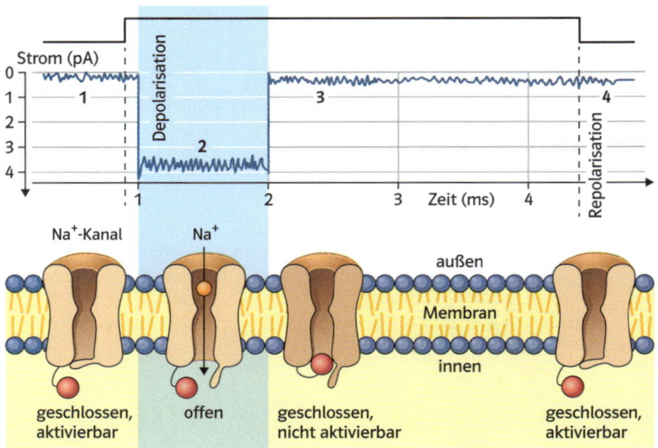

3 Patch-Clamp-Technik am Natrium-Ionen-Kanal

Aufgaben

35/100 **1** Erläutern Sie, weshalb Forschende bei der Betrachtung des Kurvenverlaufs in [B 2] die Hypothese aufstellten, dass BTX Natrium-Ionen-Kanäle geöffnet hält. Stellen Sie eine weitere Hypothese auf, die zu einem ähnlichen Ergebnis führen könnte.

25/100 **2** Beschreiben Sie die in [B 3] gezeigte Messmethode im Zusammenhang mit dem Öffnungsverhalten des Natrium-Ionen-Kanals. Stellen Sie anschließend Ihre Erwartung an das Messergebnis dar, wenn BTX hinzugefügt wird, da sich auf diese Weise die Hypothese der Forschenden bestätigen ließ.

40/100 **3** Beschreiben Sie die Wirkung von Tetrodotoxin (TTX) auf eine Nervenzelle [B 4]. Entwickeln Sie eine begründete Hypothese zur Auswirkung von TTX bei einer BTX-Vergiftung.

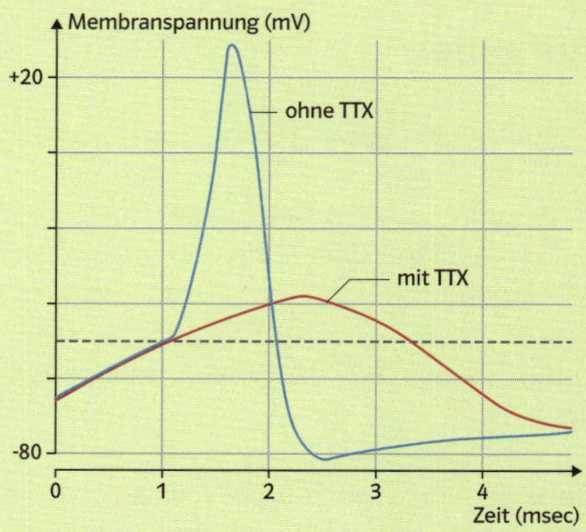

4 Auswirkung von TTX

Das Auge im Überblick

Die Augen der Wirbeltiere sind hoch entwickelte Sinnesorgane. Ähnlich einer Fotokamera fällt Licht durch die verschiedenen Bauteile. Die Iris des Auges ist zu vergleichen mit einer Blende, mit der man den Lichteinfall regulieren kann. Durch die Pupille gelangt Licht auf die Linse. Die Lichtstrahlen werden dort gebrochen und treffen gebündelt auf die Netzhaut. Hier erzeugen Lichtreize in den Sehzellen elektrische Erregungen. Von der Netzhaut gelangen diese über den Sehnerv zum Gehirn.

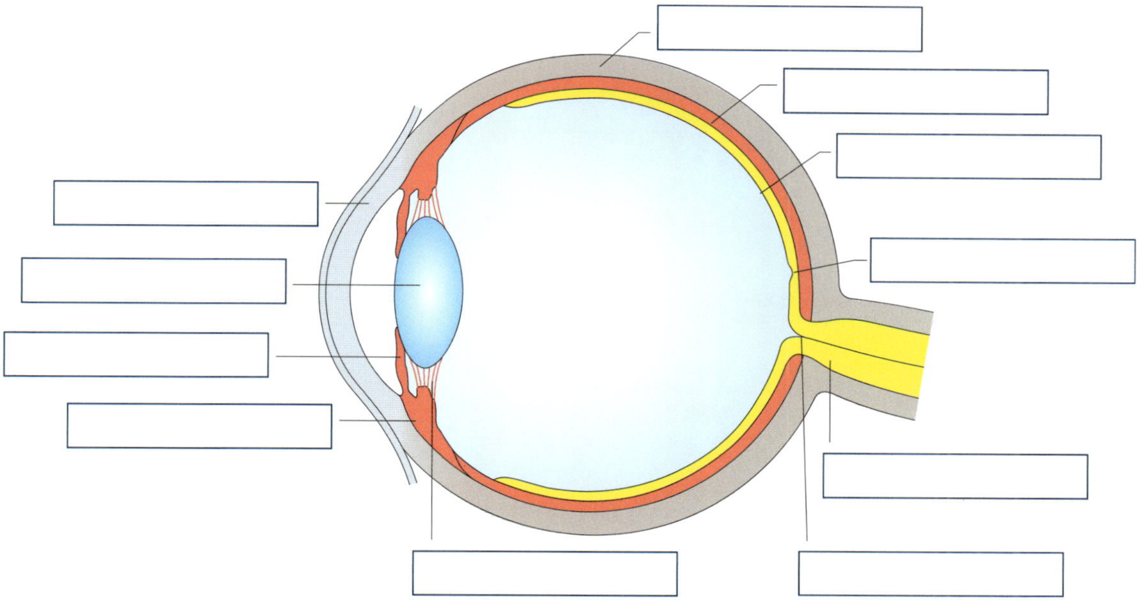

1 Menschliches Auge

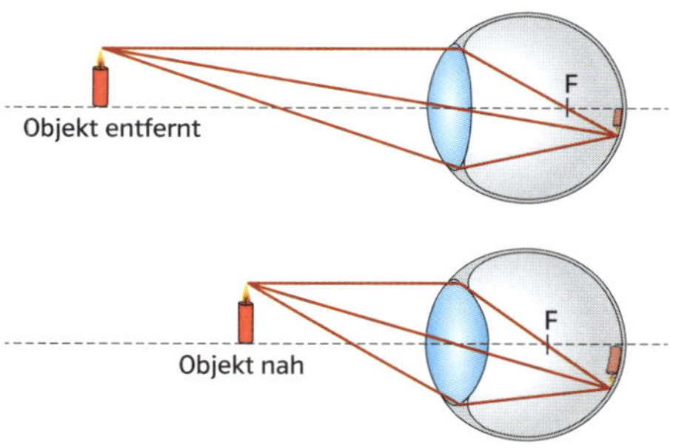

2 Akkommodation des Auges

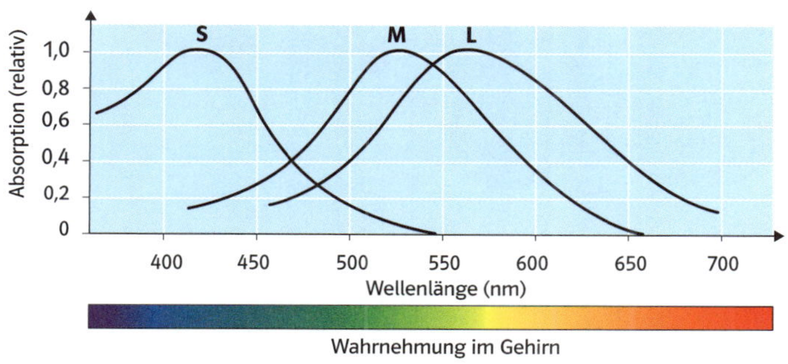

3 Absorptionsspektren (S, M, L-Zapfentypen)

Aufgaben

15/100 ○ **1** Beschriften Sie [B 1].

35/100 ◒ **2** Beschreiben Sie mithilfe von [B 2] den Vorgang der Akkommodation des Auges.

50/100 ● **3** Begründen Sie unter Verwendung von [B 3], dass Menschen viele Farbabstufungen wahrnehmen können.

Fototransduktion

In der Netzhaut kann auftreffendes Licht neuronale Erregungen in den Sehzellen auslösen. Die lichtempfindlichen Fotorezeptoren werden in Stäbchen und Zapfen eingeteilt. Die Stäbchen ermöglichen das Sehen bei schwacher Beleuchtung. Beim Eintreffen von Licht ändert sich die räumliche Struktur des eingelagerten Sehpigments und eine Signalkaskade wird ausgelöst. Stäbchen sind sehr lichtempfindlich. Schon durch ein einziges Photon kann ein Stäbchen aktiviert werden und eine Erregung im nachgeschalteten Neuron, der Bipolarzelle, auslösen. Die Erregung wird allerdings erst weitergeleitet, wenn mehrere dieser Zellen aktiviert werden.

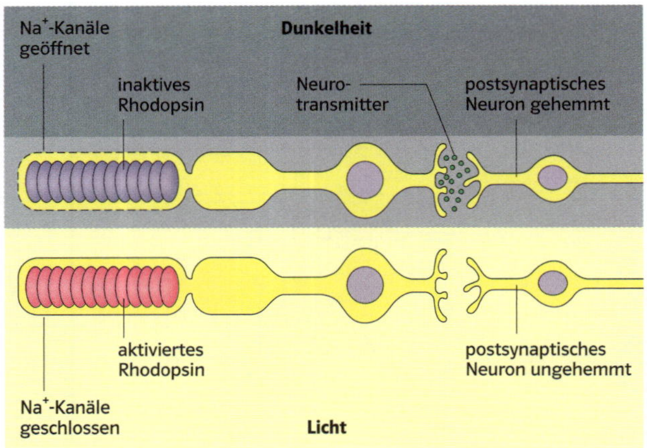

1 Fototransduktion im Stäbchen

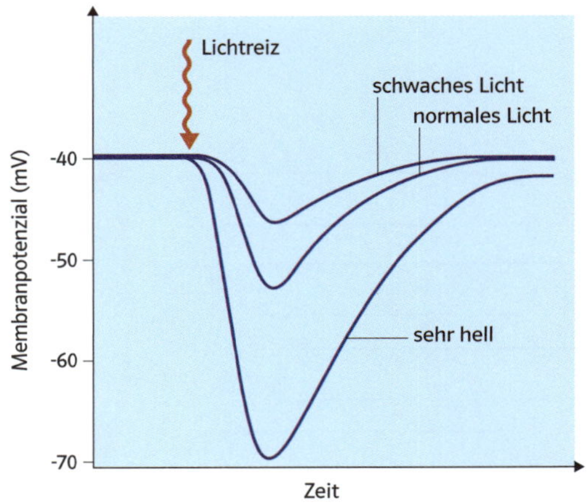

2 Rezeptorpotenziale des Stäbchens

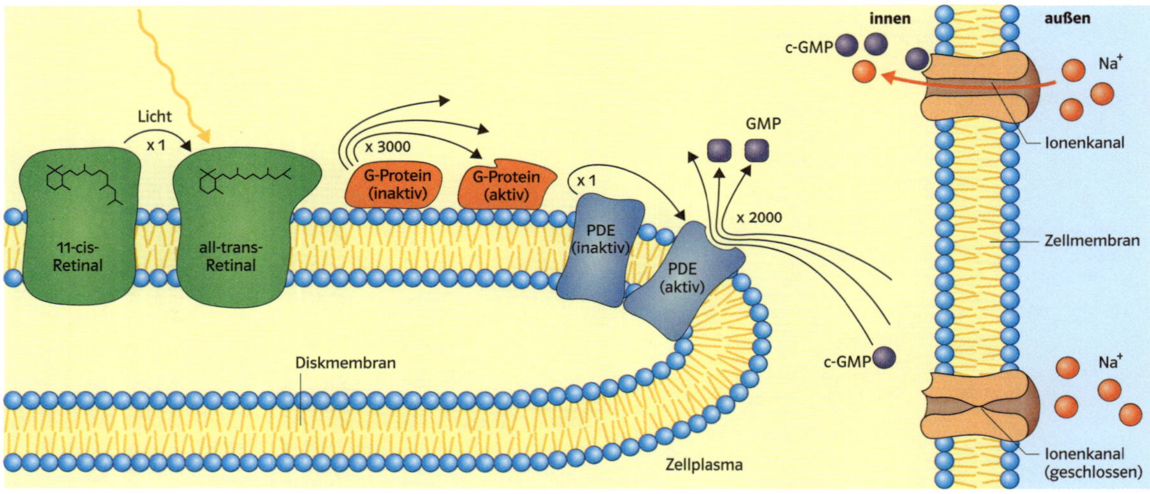

3 Signalkaskade im Stäbchen

Aufgaben

50/100 **1** Stellen Sie den Transduktionsprozess mithilfe von [B 1 und 2] dar.

50/100 **2** Erläutern Sie die lichtinduzierte Signalkaskade, die in [B 3] dargestellt ist.

Bedeutung von Vitamin A für den Sehvorgang

In den Industrieländern tritt ein Vitamin-A-Mangel relativ selten auf. Erste Symptome sind brüchige Nägel und Haarausfall. Mit der Zeit verringert sich jedoch auch die Sehkraft, bis schließlich Nachtblindheit oder sogar Erblindung eintritt.

Der Sehfarbstoff Rhodopsin besteht aus Retinal und Opsin [B 2]. Eine Konformationsänderung des Opsins löst durch Aktivierung der G-Proteine eine Kettenreaktion aus, wobei am Ende elektrische Erregungen entstehen, die über den Sehnerv zum Gehirn weitergeleitet werden. Der Sehfarbstoff wird dabei stets erneuert. Vitamin A_1 (Retinol) wird in der Leber gespeichert und über das Blut kontinuierlich bereitgestellt. In geringerem Maße wird es aber auch durch Umwandlung von *all-trans*-Retinol in der Netzhaut (Retina) regeneriert [B 1]. Ist der Speichervorrat an Vitamin A in der Leber ausgeschöpft, treten innerhalb weniger Tage die ersten Mangelerscheinungen auf.

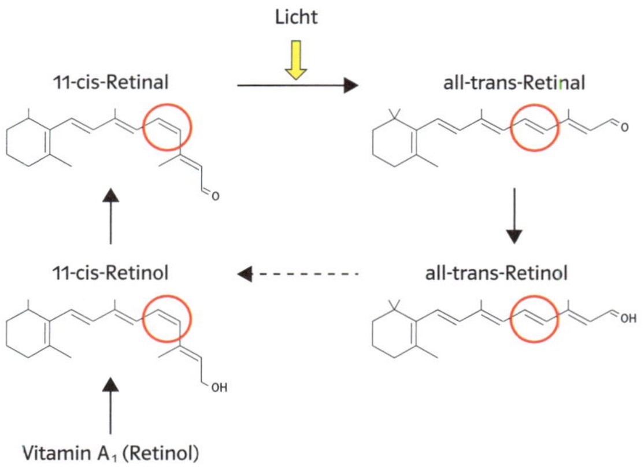

1 Erneuerung und Regeneration von Retinal

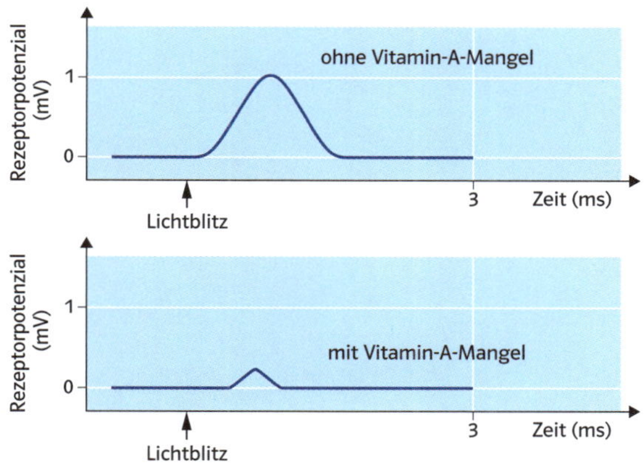

2 Elektroretinogramm des Auges

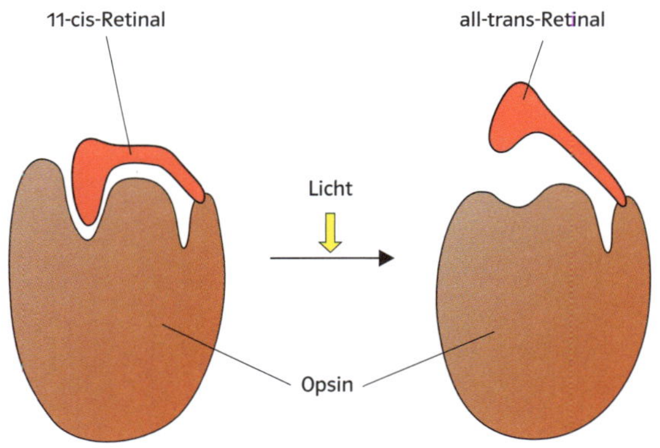

3 Aktivierung von Rhodopsin

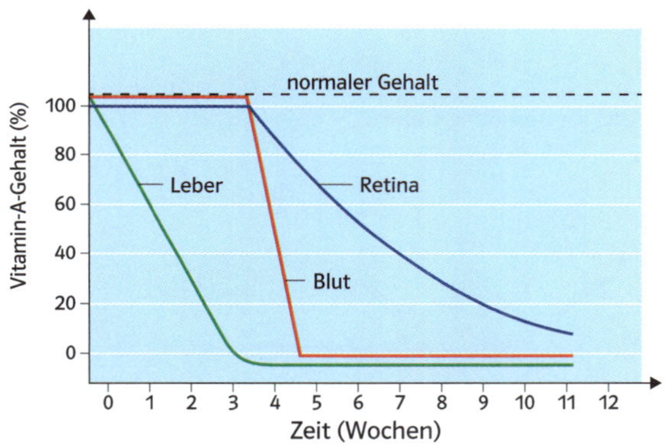

4 Vitamin-A-Gehalt bei Mangeldiät

Aufgaben

25/100 ○ **1** Beschreiben Sie die Bereitstellung von Retinal und die Aktivierung des Rhodopsins [B 1 und 3].

25/100 ○ **2** Durch eine unausgewogene Ernährung kann es zu einem Vitamin-A-Mangel kommen. Erläutern Sie in diesem Zusammenhang [B 4].

50/100 ◒ **3** Mittels Elektroden am ganzen Auge lassen sich bei Lichteinfall Potenzialänderungen messen (Elektroretinogramm). Erklären Sie mithilfe des Eingangstextes und [B 2] die Auswirkung eines Vitamin-A-Mangels auf den Sehvorgang.

Verarbeitung von Erregungen aus Sinnesorganen

Über Sinnesorgane nehmen wir Reize aus der Umwelt auf. Im Gehirn werden daraus resultierende Erregungen dann weiterverarbeitet. Sie werden bewertet, abgeglichen, sortiert, zusammengeführt und gespeichert. Ein Nervengeflecht, die *Formatio reticularis*, sorgt dabei für die Erzeugung, Weiterleitung, Verknüpfung und Verarbeitung von Wahrnehmungen zu den Sinneseindrücken. Dieses Nervengeflecht durchzieht weite Teile des Gehirns und reicht vom Kleinhirn über das Mittelhirn bis in das Nachhirn und ins Rückenmark. Als Transmitter kommt in diesem Geflecht von Neuronen Serotonin eine besondere Bedeutung zu.

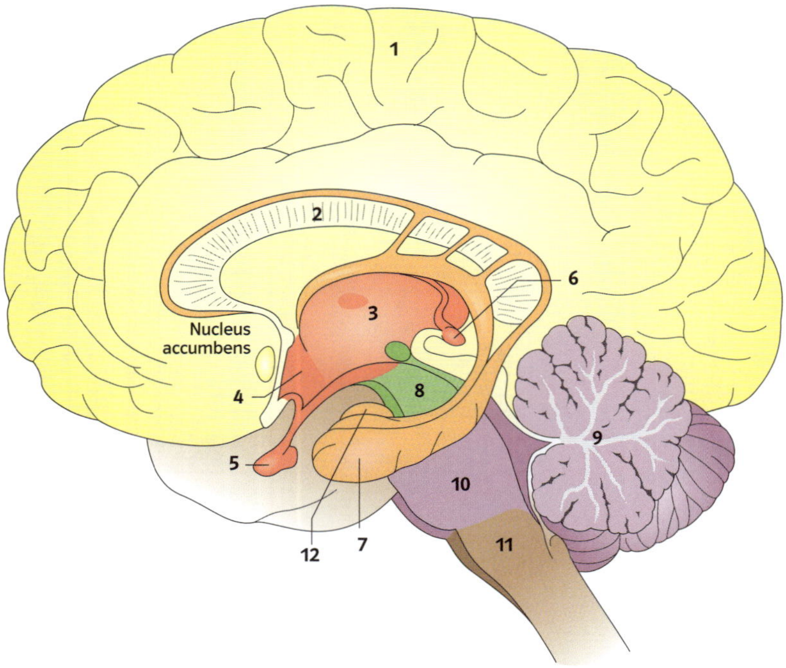

1 Das menschliche Gehirn

Nr.	Fachbegriff
	Amygdala
	Balken
	Hypothalamus
	Nachhirn
	Hippocampus
	Epiphyse
	Großhirn mit Hirnrinde (Cortex)
	Kleinhirn
	Limbisches System
	Brücke
	Hypophyse
	Thalamus

2 Hirnstrukturen

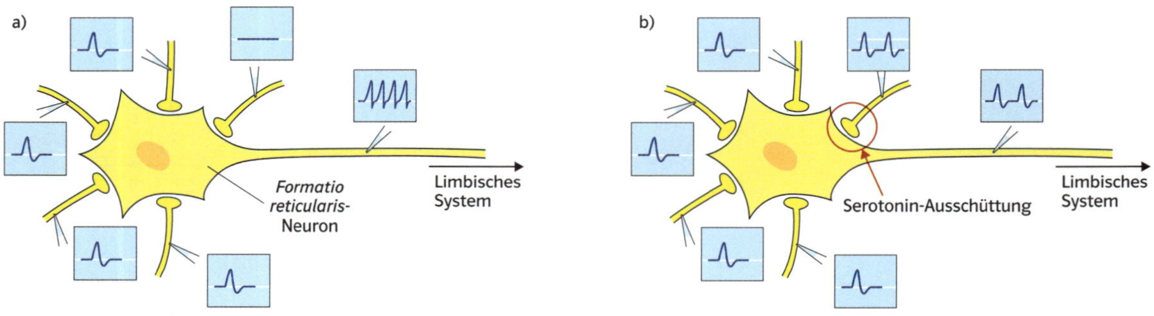

3 Neuronenverschaltung im Bereich der Formatio reticularis. a) ohne Serotonin und b) mit Serotonineinfluss

Aufgaben

10/100 ○ **1** Ordnen Sie den in [B2] aufgeführten Hirnstrukturen die entsprechende Ziffer aus [B1] zu. Nutzen Sie dazu die erste Spalte der Tabelle.

30/100 ◒ **2** Vergleichen Sie die Erregungsweiterleitung in den beiden Darstellungen von [B3].

60/100 ● **3** Deuten Sie die Messergebnisse im Hinblick auf die Bedeutung des Transmitters Serotonin und auf die Vielzahl von Sinnesreizen, die auf das Gehirn einwirken.

Der Sternmull

Der Sternmull (*Condolylura estata*, [B 1]) gehört zur Familie der Maulwürfe. Das Säugetier ist in Nordamerika beheimatet. Neben den Vibrissen an der Schnauze besitzt der Sternmull um die Nasenlöcher je eine Tastscheibe, die in 11 Ärmchen endet. Jedes dieser Ärmchen ist mit Eimer'schen Organen besetzt, die sowohl taktile als auch elektrische Reize aufnehmen. Sie können Erregungen auslösen, die im Gehirn Informationen über mögliche Beutetiere liefern [B 2].

1 Sternmull (Condylura cristata)

Hat der Sternmull einen Wurm gefunden, wird dieser augenblicklich zur taktilen Grube weitergeleitet und genauer auf Tauglichkeit zum Fressen geprüft. Die taktile Grube setzt sich aus dem 11. Ärmchenpaar zusammen [B 3].

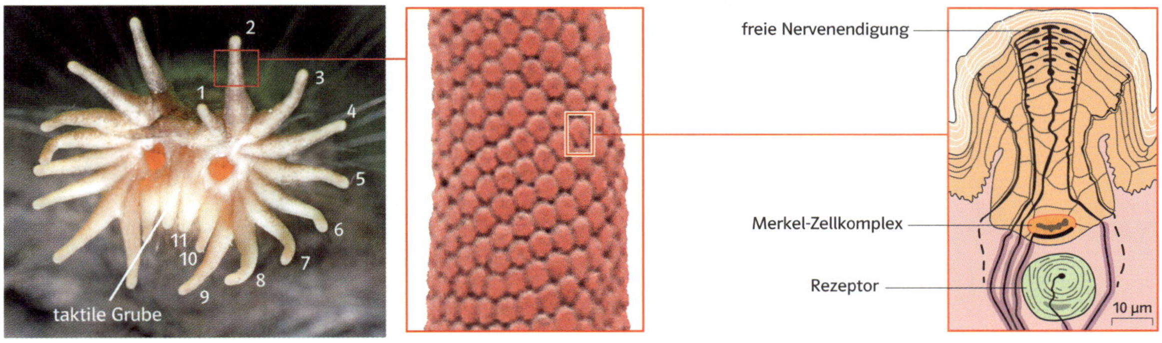

2 Arme der Tastscheibe an der Nasenregion des Sternmulls und Vergrößerung eines Arms mit Eimer-Tastorgan

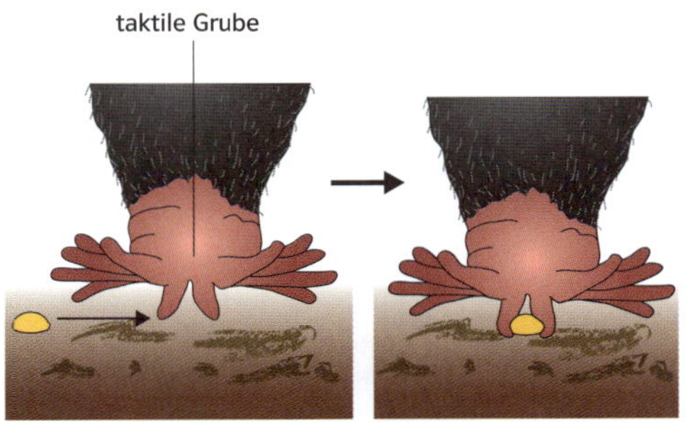

3 Schnauzenbewegung bei der Nahrungsaufnahme

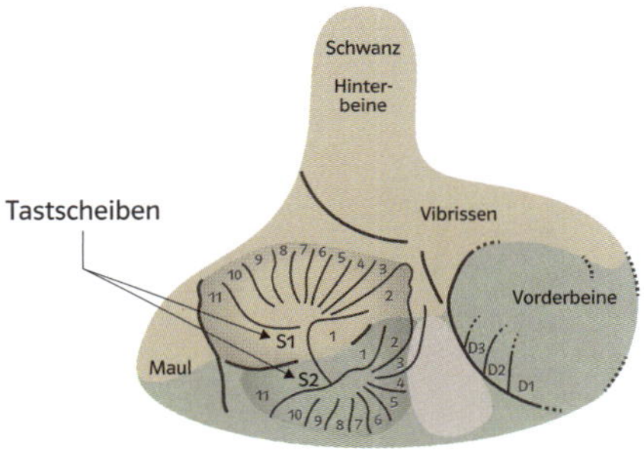

4 Ausschnitt des Cortex des Sternmulls

Aufgaben

10/100 ○ **1** Beschreiben Sie, wie der Sternmull in kürzester Zeit kleine Beutetiere aufspüren kann [B 1 – 3].

40/100 ● **2** Stellen Sie mithilfe des Eingangstextes und der [B 2, 3 und 4] eine begründete Hypothese auf, wie sich das 11. Ärmchenpaar von den restlichen unterscheiden könnte.

50/100 ● **3** Die Region für die Tastscheiben nimmt eine überproportionale Fläche im sensorischen Cortex ein [B 4]. Vergleichen Sie die Anordnung der Region für die Tastscheiben mit [B 2] und begründen Sie, warum [B 4] auch als „sensorische Karte" bezeichnet werden darf.

Der Geschmackssinn

Der gustatorische Sinn (lat. *gustare* schmecken), also der Geschmackssinn, reagiert auf chemische Reize mit der Erzeugung elektrischer Erregungen. Mit dem Geschmackssinn wird die Nahrung im Mund geprüft, sodass eine Aufnahme von unverträglichen bzw. giftigen Stoffen weitgehend vermieden werden kann.

Für die Geschmacksqualitäten süß, sauer, salzig, bitter und umami („Fleischgeschmack") gibt es spezifische Rezeptoren, wobei verschiedene Sinneszellen jeweils einen Rezeptortyp für unterschiedliche Geschmacksrichtungen aufweisen. Dabei sind jeweils mehrere Sinneszellen mit einer afferenten Nervenfaser verbunden.

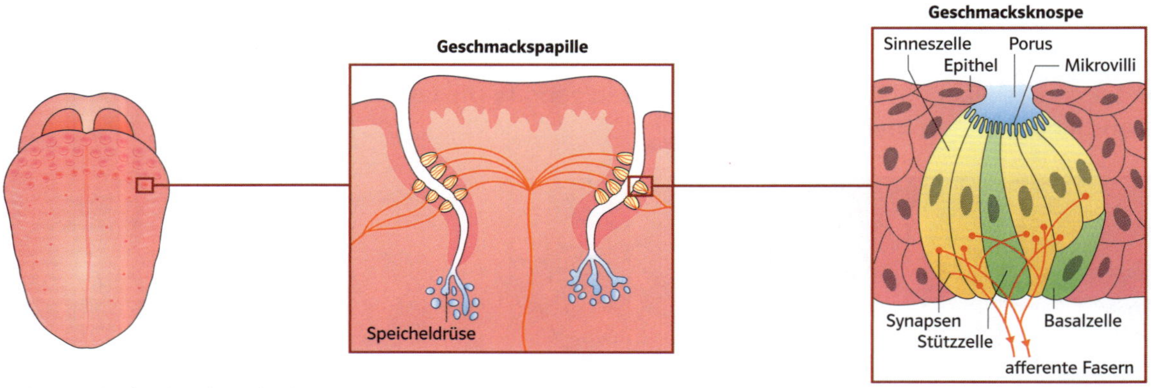

1 Anatomie des Geschmackssinns

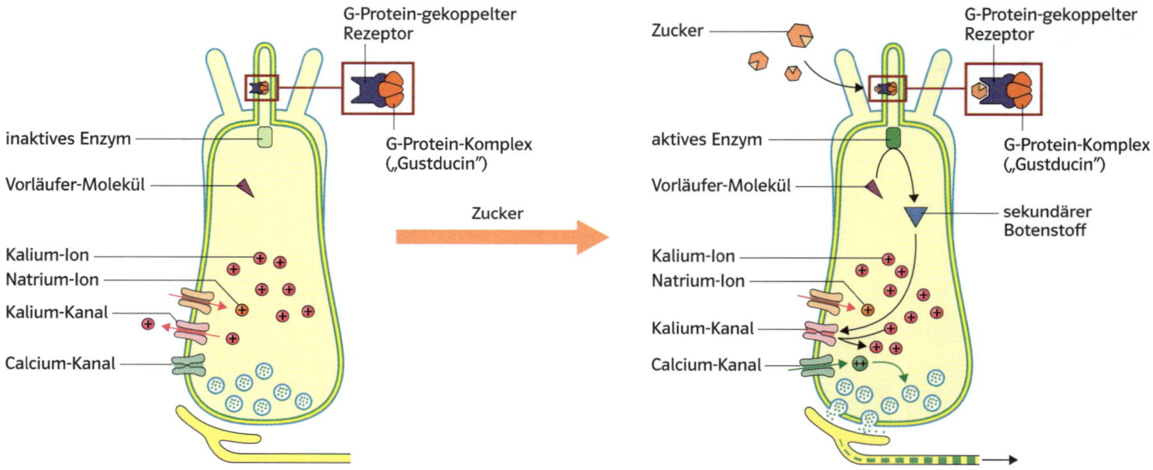

2 Vorgänge an der Geschmackssinneszelle bei der Wahrnehmung „süß"

Aufgaben

10/100 ○ **1** Beschreiben Sie den Bau des Geschmackssinns anhand von [B 1].

25/100 ◒ **2** Erläutern Sie die Bedeutung der Speicheldrüsen an der Basis der Geschmackspapille.

35/100 ◒ **3** Erstellen Sie mithilfe von [B 2] ein Verlaufsschema für die Vorgänge an und in einer Geschmackssinneszelle, wenn man Zucker zu sich nimmt.

30/100 ◒ **4** Begründen Sie das Öffnen der Calcium-Ionen-Kanäle bei Kontakt der Sinneszelle mit Zucker [B 2].

Wahrnehmung von Düften

Der Geruchssinn schützt uns nicht nur vor verdorbenem Essen, er ist auch mit unseren Erinnerungen und Gefühlen assoziiert. So kann ein Geruch an eine lange zurückliegende Situation erinnern, in der man diesen zum ersten Mal wahrnahm. Das Riechepithel in der Nase des Menschen ist ca. 2,5 × 5 cm² groß. Dort befinden sich etwa 30 Millionen Riechzellen, mit denen sich ca. 10 000 Düfte unterscheiden lassen [B 1]. Diese Sinneszellen werden alle vier Wochen erneuert, indem sich Basalzellen zu Riechzellen ausdifferenzieren. Die am Axon entstehenden Aktionspotenziale dieser primären Sinneszellen werden direkt zum Gehirn weitergeleitet und ausgewertet.

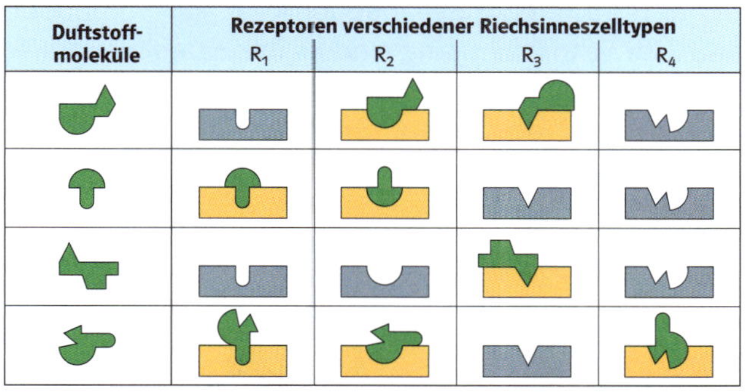

1 Modell zur Codierung von Duftstoffen

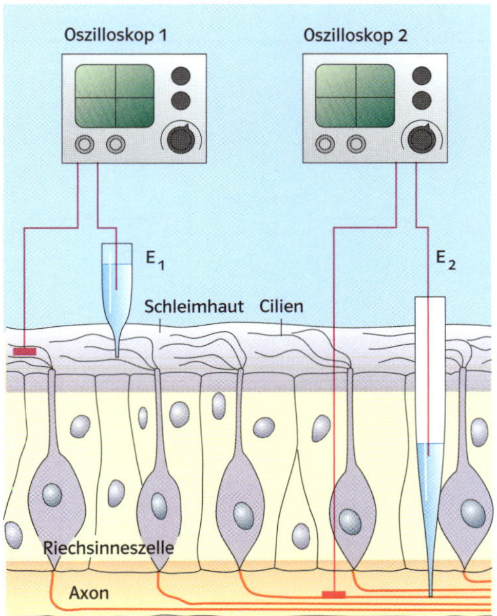

2 Messung an Riechsinneszellen

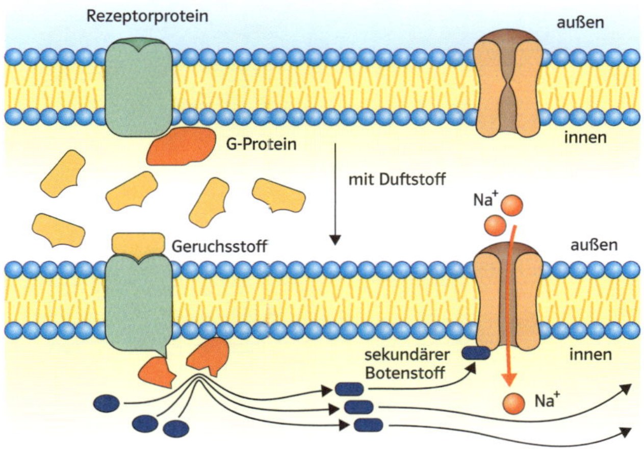

3 Riechzellmembran

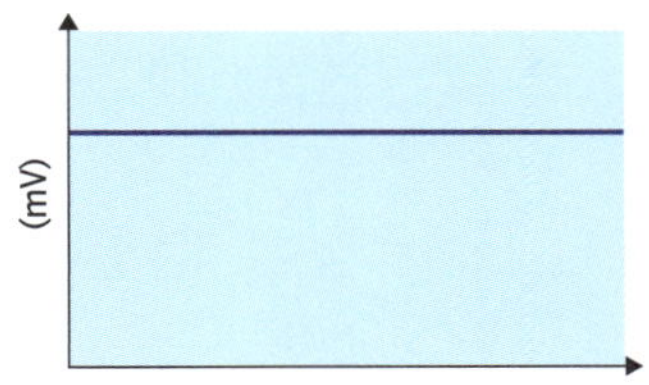

4 Spannungsverlauf Oszilloskop 1

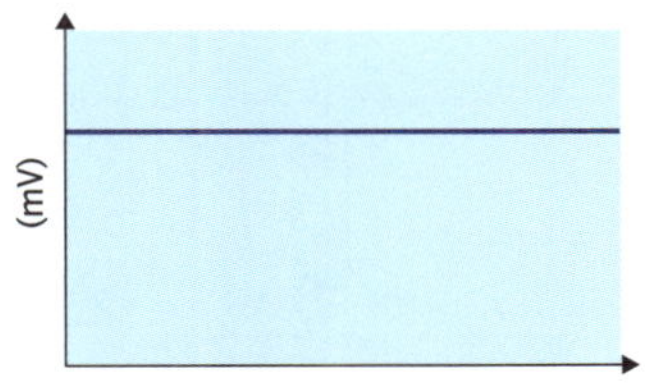

5 Spannungsverlauf Oszilloskop 2

Aufgaben

15/100 ○ **1** Skizzieren Sie die Potenziale der Sinneszellen an den Messstellen für das Oszilloskop 1 und 2. Nutzen Sie dafür die vorgesehenen Diagramme [B 4 und 5]. Begründen Sie kurz Ihre Darstellung.

25/100 ◒ **2** Erläutern Sie unter Berücksichtigung von [B 3] den molekularen Mechanismus zur Geruchswahrnehmung.

30/100 ◒ **3** Begründen Sie mithilfe von [B 3], dass Duftstoffe auch in sehr geringer Konzentration wahrgenommen werden können.

30/100 ◒ **4** Entwickeln Sie anhand von [B 1] eine Hypothese, wie der Mensch bis zu 10 000 Düfte unterscheiden kann.

Haarsinneszellen im Ohr

In der Hörschnecke des Innenohres (*Cochlea*) findet die Transduktion von akustischen Reizen statt. Im Schneckengang sind kleine Haarsinneszellen in zwei mit Flüssigkeit gefüllten Bereichen eingebettet. Die Flüssigkeiten werden in Endolymphe und Perilymphe unterschieden. Sie besitzen eine unterschiedliche Konzentration an Kalium-Ionen [B 1]. Ein Schallsignal löst feinste Schwingungen der Membranen in der Cochlea aus. Dies führt zur Auslenkung der kleinen Sinneshärchen [B 2].

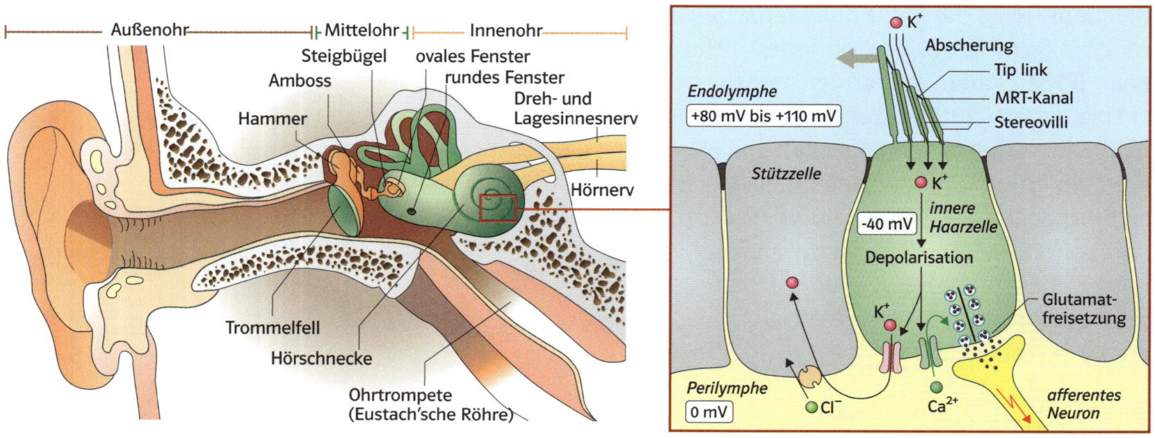

1 Hörsystem des Menschen und Sinneshärchen im Schneckengang

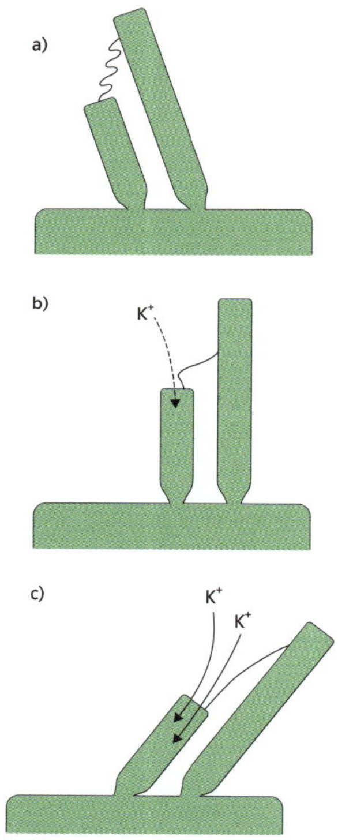

2 Sinneshärchen

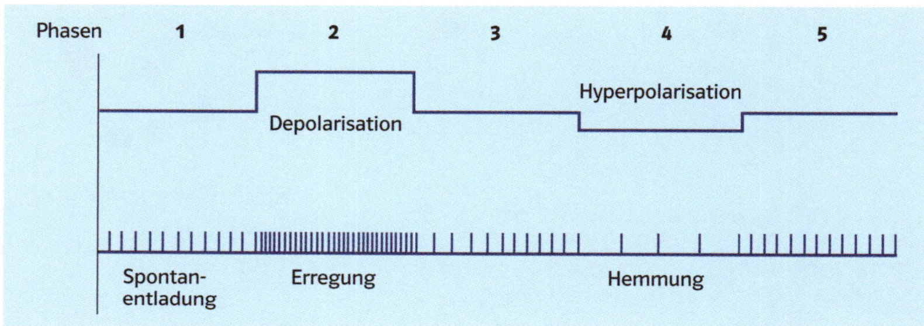

3 Verrechnung von Erregungen

Aufgaben

30/100 ◒ **1** Beschreiben Sie die molekularen Vorgänge bei der Signaltransduktion innerhalb einer Haarsinneszelle [B 1 und 2].

70/100 ● **2** Ordnen Sie [B 2a – c] den Phasen 1 – 5 in [B 3] begründet zu. Berücksichtigen Sie dabei auch [B 1].

Ortung eines Fledermausangriffs

Der Eulenfalter gehört zur Familie der Schmetterlinge. Zu den größten Fressfeinden des dunkelaktiven Falters gehört die Fledermaus. In der Dämmerung lässt sich beobachten, dass der Eulenfalter sich nicht einfach erbeuten lässt, sondern durch gezielte Wendemanöver einer Fledermaus ausweicht und flüchtet. Oftmals sehen die Falter die Fledermaus dabei nicht, dennoch scheinen sie genau die Position des Beutegreifers wahrzunehmen. Die Fledermaus gibt bei der Jagd stets Ultraschalllaute ab, um potenzielle Beutetiere aufzuspüren. Diese Laute werden vom Eulenfalter wahrgenommen und geben ihm Auskunft über die Position des Angreifers.

1 Eulenfalter

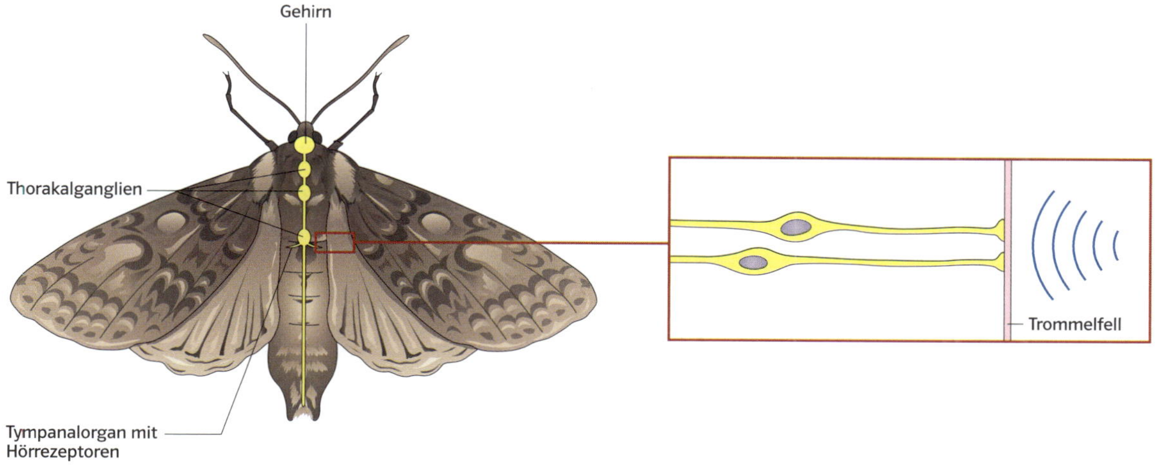

2 Schallwahrnehmung durch Hörrezeptoren des Eulenfalters

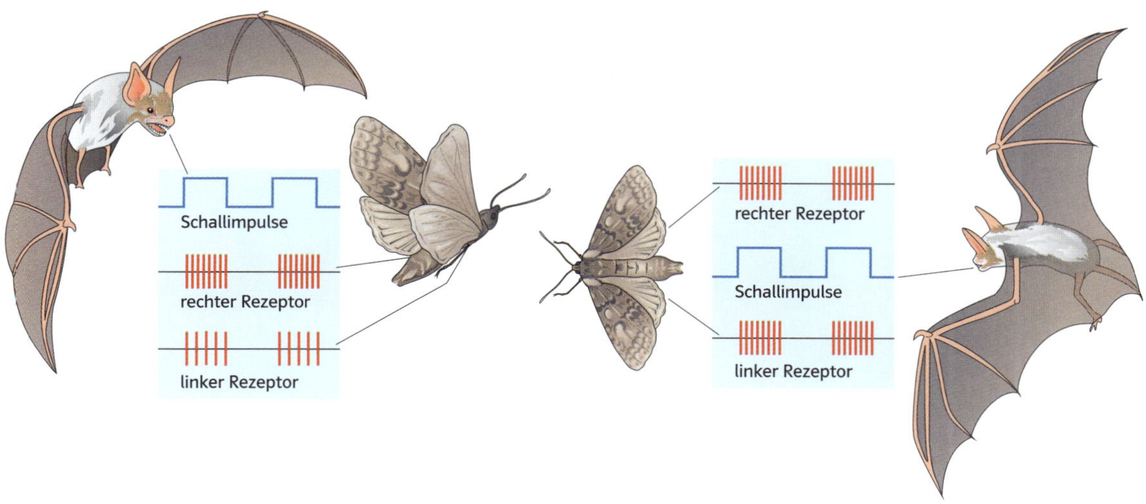

3 Ortung eines Fledermausangriffs

Aufgaben

30/100 ◒ **1** Beschreiben Sie die Schallwahrnehmung des Eulenfalters [B 2].

70/100 ● **2** Erklären Sie anhand von [B 3] die Verortung des Fressfeinds durch den Eulenfalter.

Signaltransduktion von Rezeptoren in der Haut

Rezeptoren setzen einen Reiz in elektrische Erregungen um (Signaltransduktion). Die elektrischen Erregungen werden dann zum Gehirn weitergeleitet. Ist der Reiz sehr schwach, sodass das Schwellenpotenzial nicht erreicht wird, erzeugt die Nervenzelle keine Erregung. Die erste Verrechnung eines Umweltreizes erfolgt demnach bereits in diesen Rezeptoren. Es gibt eine Vielzahl unterschiedlichster Rezeptoren in der menschlichen Haut: Mechanorezeptoren für z.B. Druck, Spannung sowie Thermorezeptoren für Kälte und Wärme. Je nach Körperregion ist die Hautsensibilität unterschiedlich [B 5]. Durch die Messung der Zweipunktschwelle, d.h. durch Ermittlung des kleinsten Abstands, an dem zwei Berührungsreize noch getrennt wahrgenommen werden können, lässt sich die Rezeptordichte vergleichen [B 6].

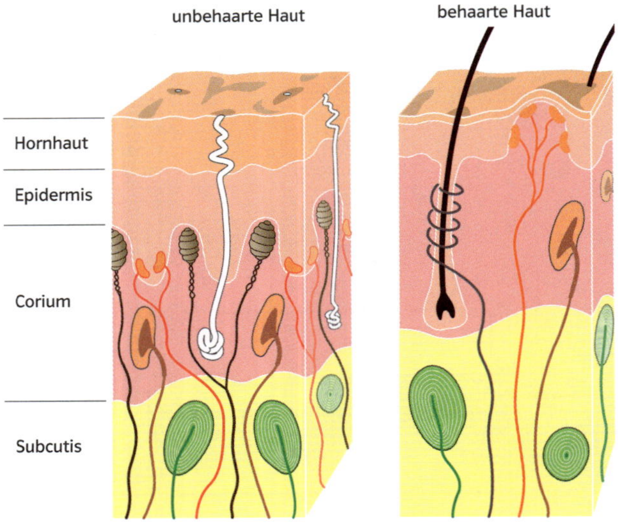

1 Schematische Darstellung eines Querschnitts der Haut

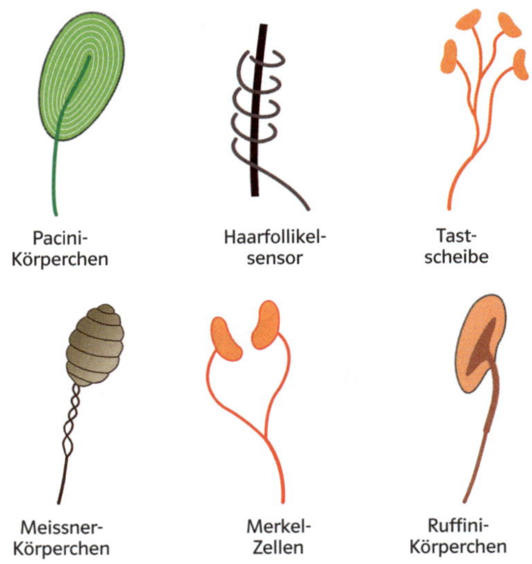

2 Mechanorezeptoren

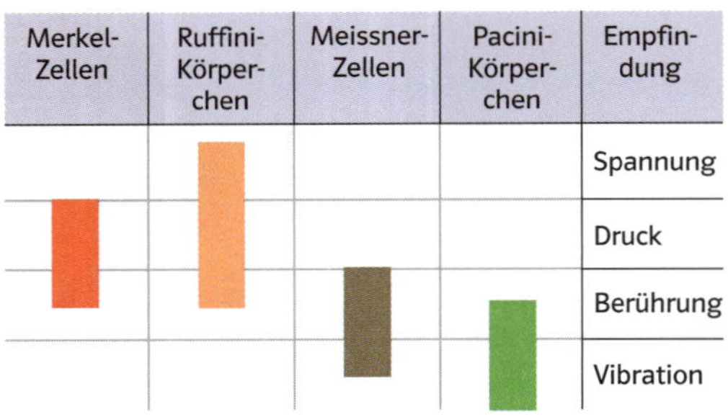

3 Sensibilität von Mechanorezeptoren

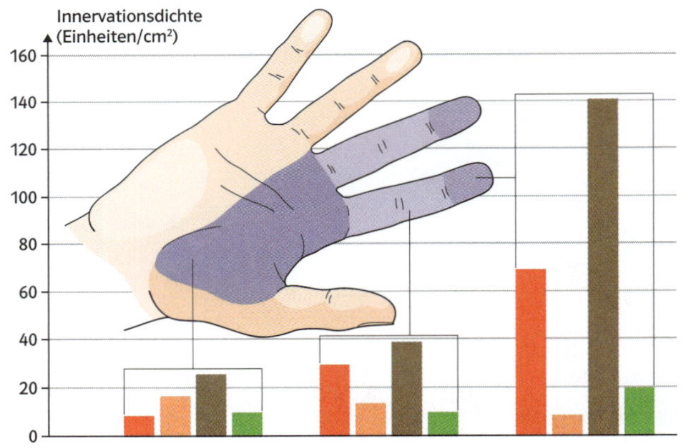

4 Mechanorezeptoren der Innenhandfläche

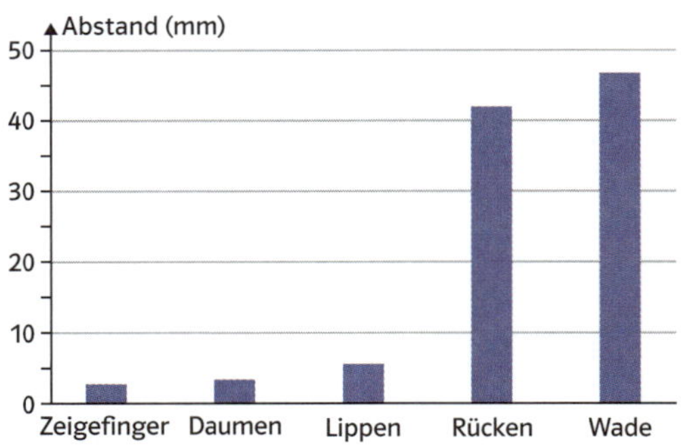

5 Zweipunktschwelle verschiedener Hautregionen

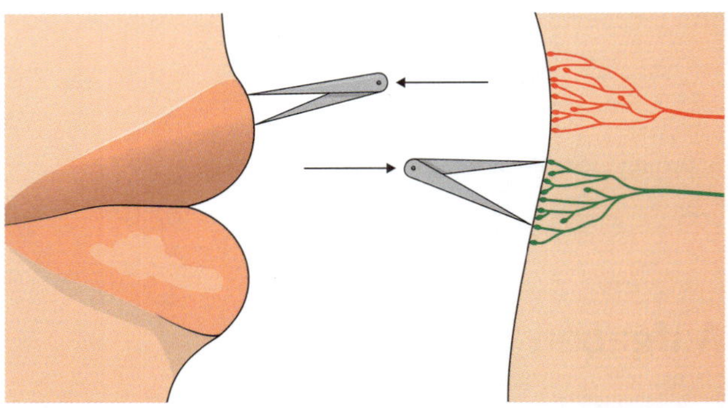

6 Ermittlung der Zweipunktschwelle (links Lippe, rechts Rücken)

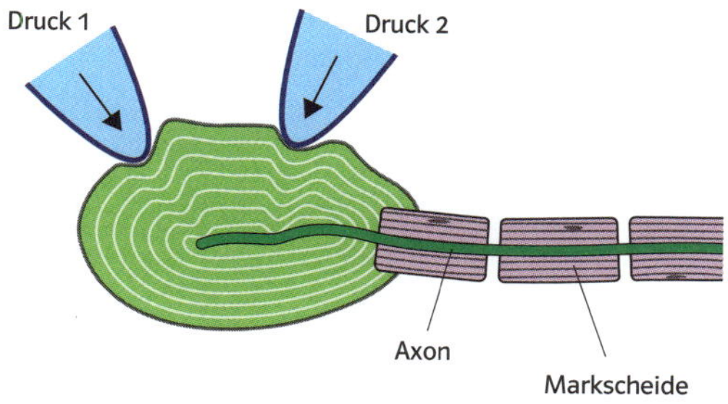

7 Druckversuch am Pacini-Körperchen

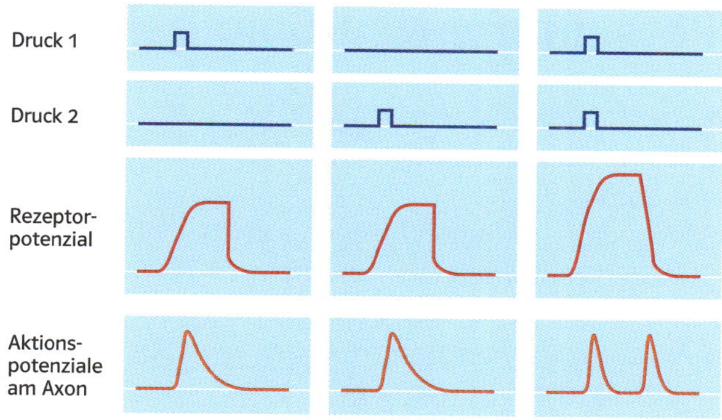

8 Messergebnisse des Druckversuchs

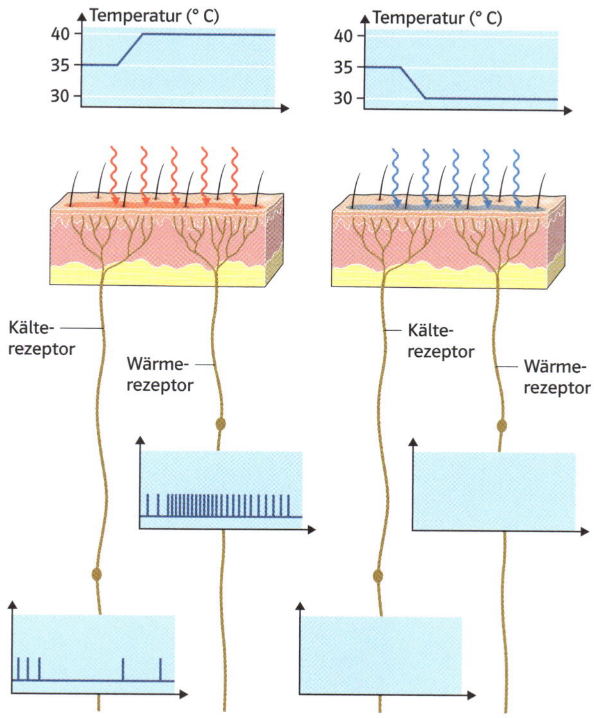

9 Thermorezeptoren

Aufgaben

15/100 ○ **1** Erläutern Sie anhand von [B 1] die unterschiedliche Tastempfindlichkeit von behaarter und unbehaarter Haut.

15/100 ○ **2** Beschreiben Sie zusammenfassend die Funktion und Verteilung von Mechanorezeptoren anhand von [B 3] und [B 4].

25/100 ◒ **3** Zeichnen Sie Nervenzellen in [B 6] (Lippen) ein, sodass anhand des Bildes die Messwerte aus [B 5] veranschaulicht werden und erläutern Sie ihre Darstellung. Stellen Sie anschließend eine Hypothese zur Größe des somatosensorischen Cortex im Gehirn auf, der jeweils für die Verarbeitung von Lippenempfindungen und Empfindungen der Haut am Rücken zuständig ist.

20/100 ◒ **4** Beschreiben Sie die Befunde aus [B 7] und [B 8] und formulieren Sie eine Schlussfolgerung zur Reizcodierung dieser Zellen. Begründen Sie anschließend, warum es sich bei einem Pacini-Körperchen um eine primäre Sinneszelle handelt.

25/100 ◒ **5** Ergänzen Sie die beiden Diagramme zur Erregungsweiterleitung bei kühlen Temperaturen in [B 9] und erläutern Sie zusammenfassend die Temperaturwahrnehmung.

Rätselhafte Neurobiologie

1 Eine Nervenzelle wird auch … genannt.
2 Die … sind baumartig verzweigte Fortsätze des Somas.
3 Über das … können Erregungen über lange Strecken weitergeleitet werden.
4 Am Ende von Nervenzellen befinden sich: …
5 An chemischen Synapsen übertragen Signalmoleküle, die …, Erregungen.
6 Ein sendendes Neuron und ein empfangendes Neuron sind durch eine schmale Lücke, der synaptische … , getrennt
7 … enthalten Neurotransmitter.
8 Transmittermoleküle diffundieren durch den synaptischen Spalt und binden an … .
9 Ionen diffundieren an der postsynaptischen Membran durch … .
10 Diffundieren Natrium-Ionen durch die postsynaptische Membran erfolgt eine … .
11 In diesem Bereich werden Aktionspotenziale generiert: … .
12 Wird der … erreicht, entsteht ein Aktionspotenzial.
13 Durch positive … wird der Natrium-Ionen-einstrom erhöht.
14 Die Öffnung von spannungsabhängigen Kalium-Ionen-Kanälen bedingt die … .
15 Der Ausstrom von Kalium-Ionen bewirkt eine … .
16 Während der … lassen sich spannungsabhängige Natrium-Ionen-Kanäle nicht (kaum) öffnen.
17 Die Natrium-Kalium-Ionen-Pumpe bewirkt, dass das Membranpotenzial wieder zum … zurückkehrt.

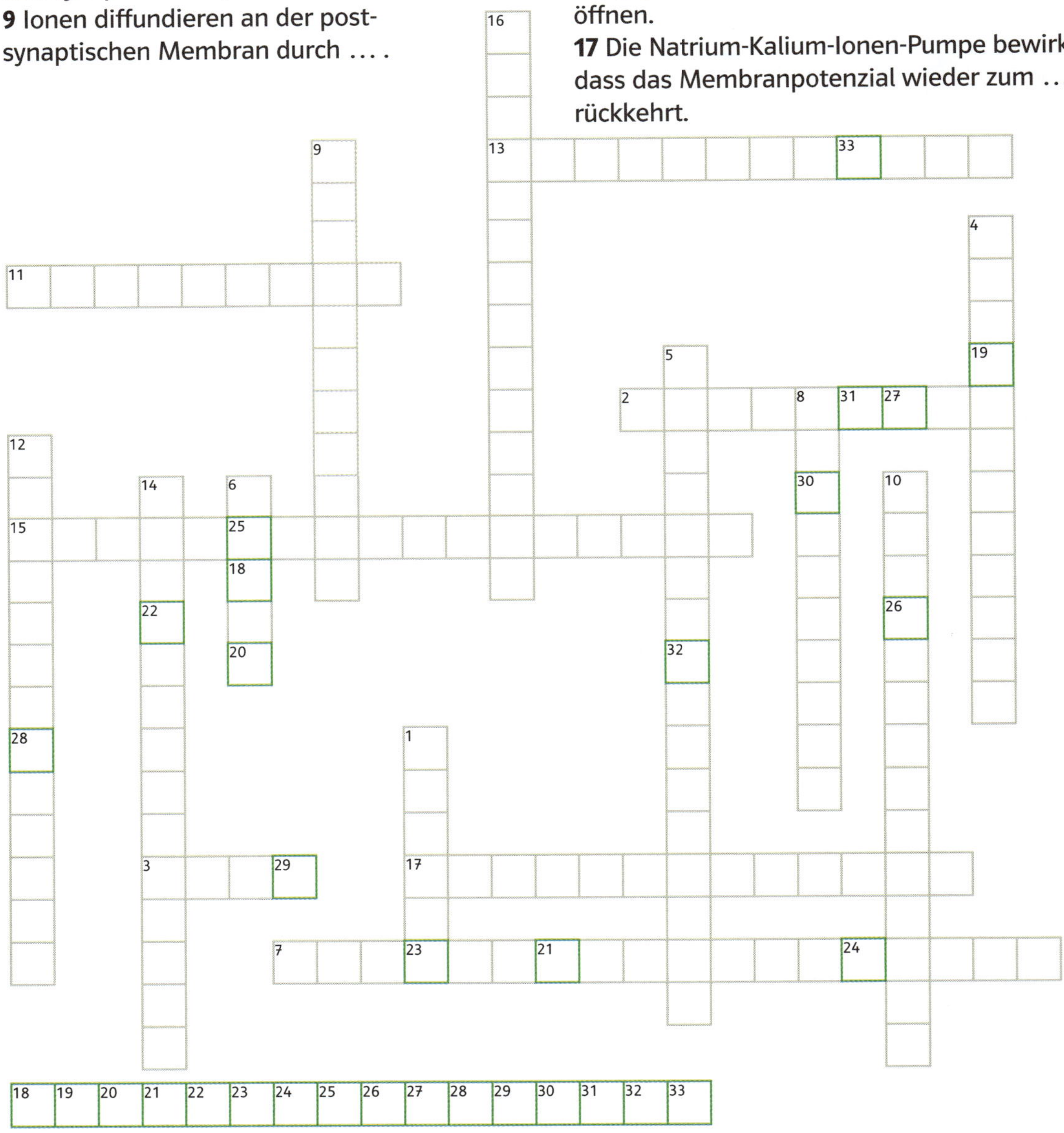

Aufgaben

100/100 ○ **1** Lösen Sie das Rätsel und geben Sie das Lösungswort an.

Strukturplastizität von Synapsen

Durch Lernen verändern sich synaptische Verbindungen. Bei der häufigen Wiederholung eines bestimmten Erregungsmusters (hohe Frequenz von Aktionspotenzialen, [B 1]) treten Wechselwirkungen zwischen den kommunizierenden Neuronen auf und es kommt zu strukturellen Veränderungen an der Synapse. Die Verbindung wird verfestigt. Man spricht in diesem Zusammenhang von einer Langzeitpotenzierung. Für die Langzeitpotenzierung [B 1] sind die sogenannten NMDA-Rezeptoren von Bedeutung. Diese öffnen sich durch Bindung des Transmitters Glutamat. Sie öffnen sich jedoch nur, wenn die Erregung stark genug ist bzw. Erregungen häufiger eintreffen. Die Öffnung dieser Kanäle bewirkt eine stärkere Depolarisation. Neben Natrium-Ionen diffundieren auch Calcium-Ionen in die postsynaptische Zelle. Calcium-Ionen bewirken verschiedene Prozesse in der postsynaptischen Zelle, die die Erregungsübertragung effizienter machen. Dazu gehört z. B. auch die Phosphorylierung der AMPA-Rezeptoren, sodass die Affinität zu Glutamat erhöht wird. AMPA-Rezeptoren sind Kationen-Kanäle, die überwiegend Natrium-Ionen passieren lassen.

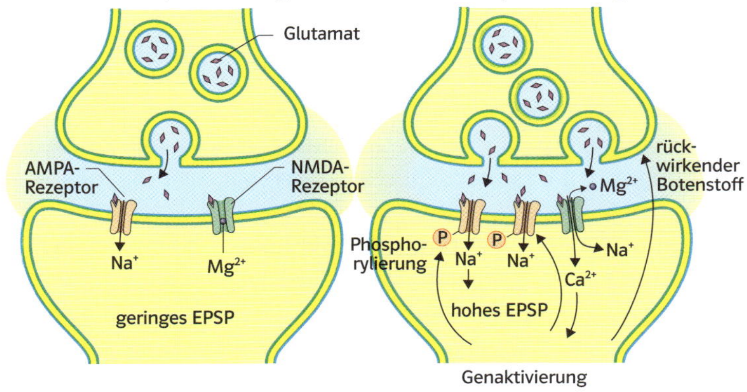

1 NMDA-Synapse im Gehirn

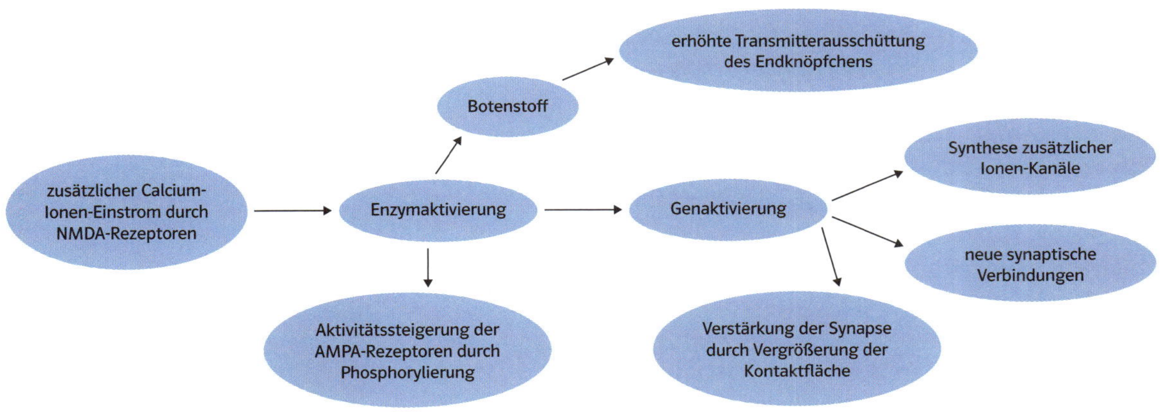

2 Veränderung einer NMDA-Synapse durch Lernen

Aufgaben

20/100 ○ **1** Beschreiben Sie den Aufbau und die Funktionsweise eines NMDA-Rezeptors.

45/100 ◒ **2** Vergleichen Sie Bild 1a) mit Bild 1b) und stellen Sie die Unterschiede heraus.

35/100 ◒ **3** Erläutern Sie zusammenfassend Vorgänge der Langzeitpotenzierung [B 1 und 2].

Können Gerüche das Gehirn strukturell beeinflussen?

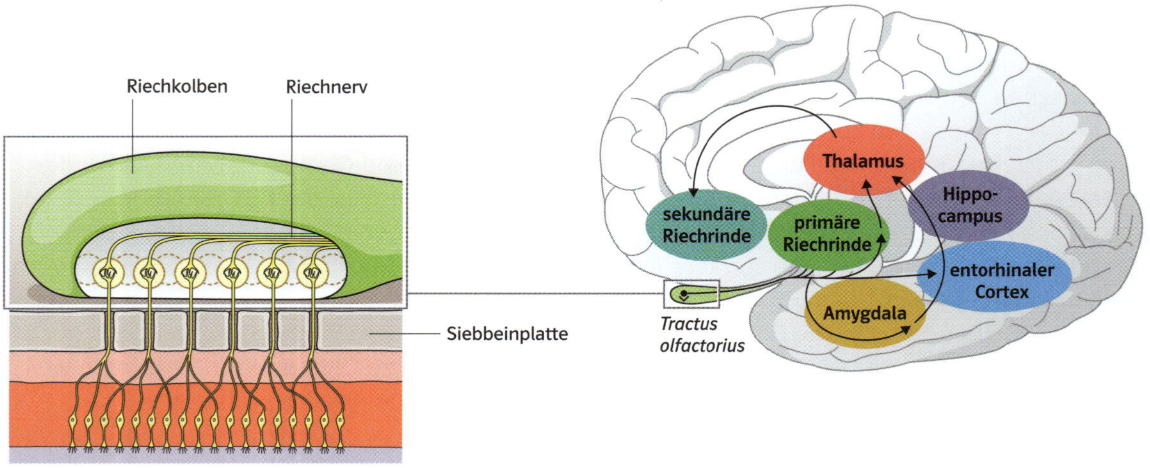

1 Olfaktorisches System

Studien am Menschen haben gezeigt, dass es durch Lernen und Training zu Veränderungen im Gehirn kommt. Es wurde herausgefunden, dass das Gehirn eine hohe Plastizität aufweist, denn Gehirnstrukturen zeigen je nach Verwendung einen dynamischen Umbau. Ob jedoch das einfache Wahrnehmen von Gerüchen auch Auswirkungen auf das menschliche Gehirn haben kann, blieb lange Zeit unerforscht.
Es ist bekannt, dass im Laufe des Lebens vor allem im Bereich des Riechkolbens und des Hippocampus [B1] neue Nervenzellen entstehen, sodass abgestorbene Zellen ersetzt werden können. Die Neurogenese verlangsamt sich allerdings mit zunehmendem Alter. Anders als bei den evolutiv jüngeren Sinnessystemen, wie z. B. beim Hör- oder Sehsystem, ist der Geruchssinn direkt mit dem Limbischen System [B1] verschaltet. Zum Limbischen System gehören beispielsweise die Amygdala, der Hippocampus und Bereiche des Thalamus. Dieses sind Bereiche, die von zentraler Bedeutung für Emotionen, Lernvorgänge und für das Gedächtnis sind. Da der Geruchssinn mehr oder weniger im direkten Kontakt zu diesen Gehirnstrukturen steht, stellt sich die Frage, ob das Wahrnehmen von Gerüchen direkte Auswirkungen auf diese Gehirnregionen hat.

Versuch 1: Auswirkung von olfaktorischen Reizen auf das Gehirn von Labormäusen

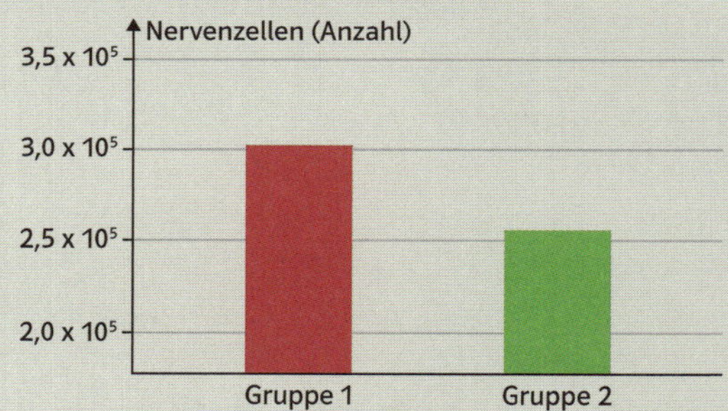

2 Nervenzellen im Hippocampus

Forschende stellten die Hypothese auf, dass die Anzahl der Nervenzellen im Gehirn durch olfaktorische Reize zunehmen könnte. Um diese Hypothese zu überprüfen, teilten sie Labormäuse in zwei Gruppen ein. Mäuse der Gruppe 1 wurden täglich für 30 Minuten einem für Mäuse sehr angenehmen Duft ausgesetzt. Von Tag zu Tag wurde dieser Duft durch einen neuen Duft ersetzt. Um zu ermitteln, welche Gerüche für die Tiere angenehm sind, hatten die Mäuse vor Versuchsbeginn die Möglichkeit, unterschiedlich riechendes Filterpapier in ihre Nestbox einzutragen. Die Mäuse wählten zumeist Filterpapier, das mit Aromen imprägniert war und z. B. nach Apfel, Vanille, Orange oder Erdbeere roch. Sie bevorzugten aber auch Filterpapier mit aromatischen Ölen von Bergamotte und Lavendel. Die Mäuse der Gruppe 2 wurden bei gleicher Käfighaltung keinem Duft ausgesetzt. Nach drei Wochen wurde die Anzahl der Nervenzellen im Hippocampus [B1] der Tiere aus beiden Gruppen miteinander verglichen [B2].

Versuch 2: Welche Auswirkungen haben Gerüche auf das menschliche Gehirn?

Es stellt sich die Frage, ob olfaktorische Reize auch strukturelle Auswirkungen auf das menschliche Gehirn haben. Um diese Frage zu beantworten, haben Forschende Menschen untersucht, die täglich den verschiedensten Düften ausgesetzt sind. So wurden für die Untersuchung Personen ausgewählt, die beruflich Parfüm herstellen. Dabei durften sowohl junge Personen, die ihre Ausbildung machten, an der Untersuchung teilnehmen als auch Personen der höheren Altersklassen mit vielen Jahren Berufserfahrung. Moderne Bildverfahren durch MRT-Aufnahmen ermöglichen, das Volumen bestimmter Strukturen im Gehirn zu berechnen. [B 3] zeigt die Differenz der Grauen Masse einer Gehirnregion der untersuchten Personen bezogen auf einen Referenzwert. Als Graue Masse werden Gehirnbereiche bezeichnet, die vorwiegend aus Nervenzellkörpern bestehen.

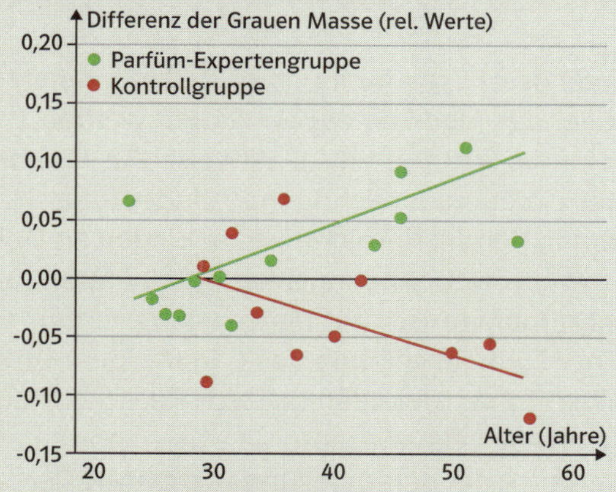

3 Volumen der Grauen Masse

Versuch 3: Hat der Geruchssinn Auswirkung auf die Gedächtnisleistung?

In einer Untersuchung unterzogen sich Personen über fünf Monate lang einem Geruchstraining (Testgruppe). Bei diesem Training haben die Personen zweimal täglich an vier unterschiedlichen Düften gerochen, die Düfte benannt und Assoziationen zum Geruch festgehalten. Eine Vergleichsgruppe löste stattdessen in dieser Zeit ein Sudoku-Rätsel. Bei dieser Rätselform werden in einem Zahlengitter auf logische Weise fehlende Zahlen ergänzt. Die durchschnittliche Gedächtnisleistung wurde nach einem festgelegten Punkte-Schema (0 bis 5 Punkte) vor und nach dem Geruchstraining ermittelt [B 4].

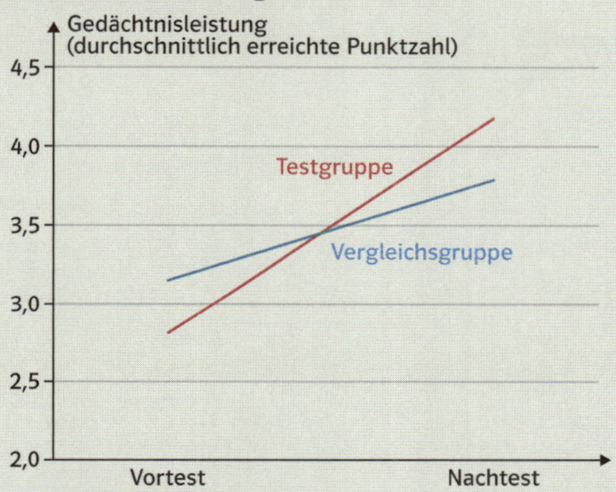

4 Gedächtnis-Test

Aufgaben

5/100 ○ **1** Beschreiben Sie die Bedeutung des Geruchssinns im Alltag.

10/100 ○ **2** Fassen Sie anhand von [B 1] die funktionelle Anatomie des olfaktorischen Systems zusammen.

20/100 ◒ **3** Beschreiben Sie das Versuchsergebnis in [B 2] und ziehen Sie mögliche Schlussfolgerungen - auch im Hinblick auf die Hypothese der Forschenden.

30/100 ◒ **4** Analysieren Sie [B 3] und erklären Sie, inwiefern das Untersuchungsergebnis die Erkenntnisse aus dem Versuch 2 untermauert bzw. erweitert. Geben Sie begründet an, ob Sie Personen, die infolge einer Corona-Infektion eine mangelnde Geruchswahrnehmung haben, zu einem Geruchstraining raten würden.

35/100 ◒ **5** Werten Sie das Versuchsergebnis in [B 4] aus. Diskutieren Sie anschließend auf Grundlage aller Materialien, inwiefern die gewonnenen Erkenntnisse möglicherweise an Demenz (inklusive der Alzheimer Demenz) erkrankten Personen helfen könnten.

Heroinsucht

Ende des 19. Jahrhunderts sollte ein schmerzstillendes Medikament entwickelt werden, das keinerlei Suchtpotenzial aufweist. Das Ergebnis war ein überaus süchtig machendes Rauschmittel, Heroin. Heroinmoleküle binden an Opiatrezeptoren, ohne Ionenkanäle zu öffnen. Es wirkt inhibitorisch auf die Erregungsleitung. In einer Funktionseinheit des Gehirns, dem Limbischen System, werden dadurch Rauschzustände erzeugt. Opiatrezeptoren sorgen normalerweise für die Bereitstellung von c-AMP. Der c-AMP-Spiegel wird innerhalb der Zelle stets konstant gehalten, da er für unterschiedliche Stoffwechselvorgänge verantwortlich ist. In gesunden Zellen werden aus diesem Grund defekte Rezeptoren durch neue ersetzt.

1 Heroin

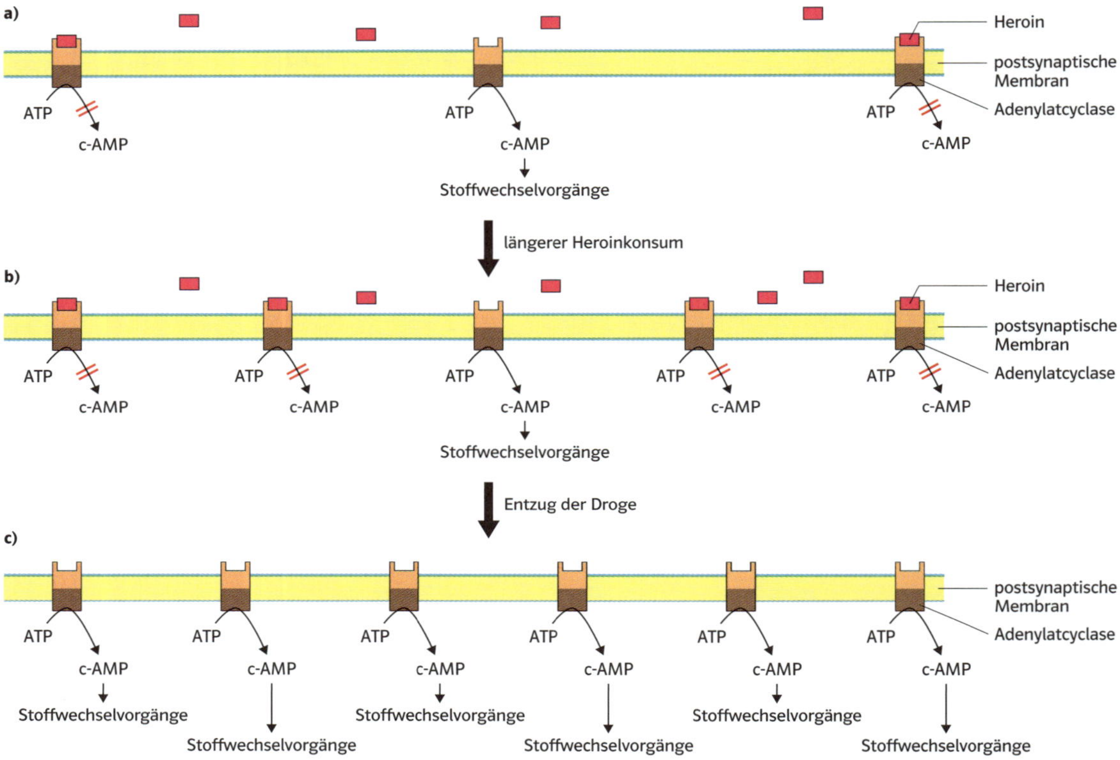

2 Auswirkungen von Heroin auf die postsynaptische Membran (a und b) und bei Entzug der Droge (c)

Aufgaben

25/100 1 Erläutern Sie die physiologischen Vorgänge an der postsynaptischen Membran bei längerem Heroinkonsum und begründen Sie, weshalb die Drogendosis stetig erhöht werden muss, um den gleichen Effekt zu erzielen [B 2].

75/100 2 Wenn nach längerem Heroinkonsum ein Entzug durchgeführt wird, leidet die Person unter anderem an starken Schmerzen, Erbrechen, Schüttelfrost und Krämpfen. Betroffene schildern diese Phase als „Höllenfahrt“. Erläutern Sie die Entstehung der Symptome und stellen Sie eine Vermutung an, warum diese Symptome nach einer gewissen Zeit langsam abklingen [B 2].

Wirkungsweise von Beruhigungsmitteln

GABA-Rezeptoren kommen vor allem im Gehirn und im Rückenmark vor. Sie stellen Bindungsstellen für den Neurotransmitter GABA (Gamma-Amino-Buttersäure) dar und können inhibitorisch wirken. GABA-Synapsen sind an der Kontrolle der Dopamin-Ausschüttung beteiligt [B 3, 4 und 5].

Dopamin ist ein wichtiger Transmitter des Belohnungszentrums im Gehirn. Einige Psychopharmaka wirken beruhigend und schlaffördernd. Sie gehören zur Gruppe der Benzodiazepine und entfalten ihre Wirkung, wenn sie gemeinsam mit dem Transmitter GABA an speziellen Rezeptoren binden [B 1 und 2].

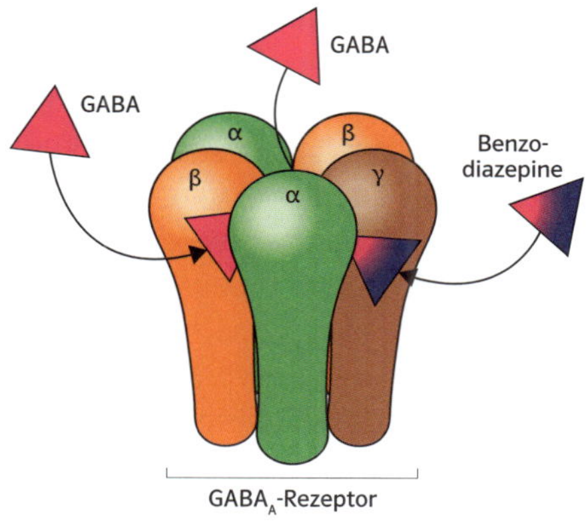

1 GABA-Rezeptoruntereinheiten

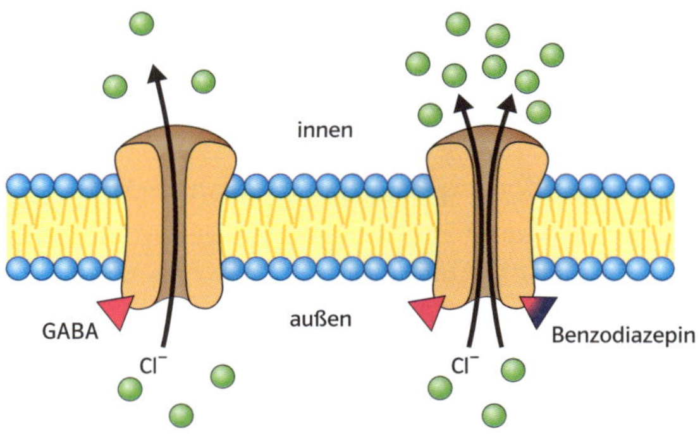

2 Wirkung von Benzodiazepinen

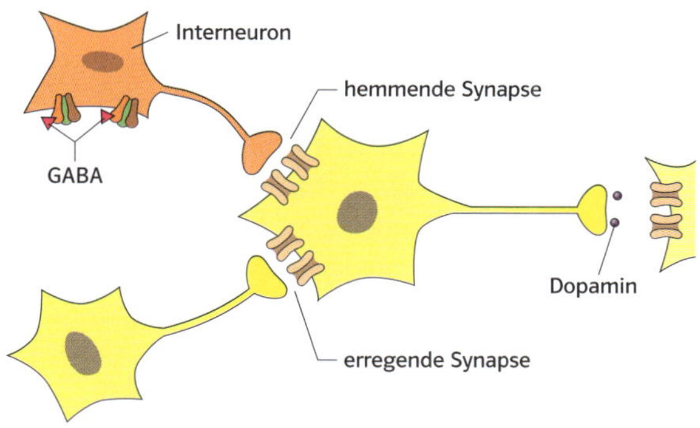

3 Verschaltung dreier Neuronen

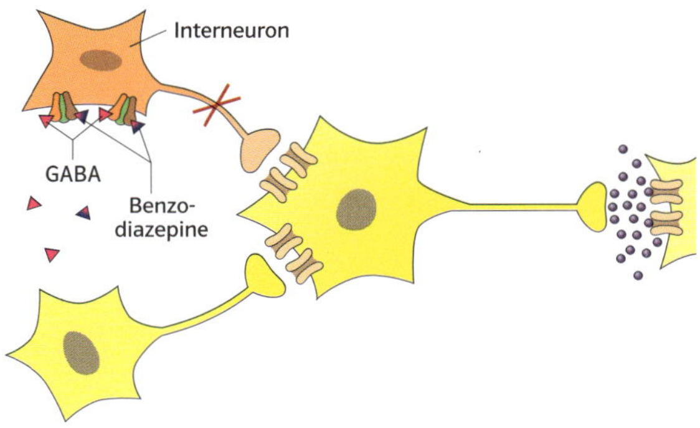

4 Bindung von GABA und Benzodiazepinen

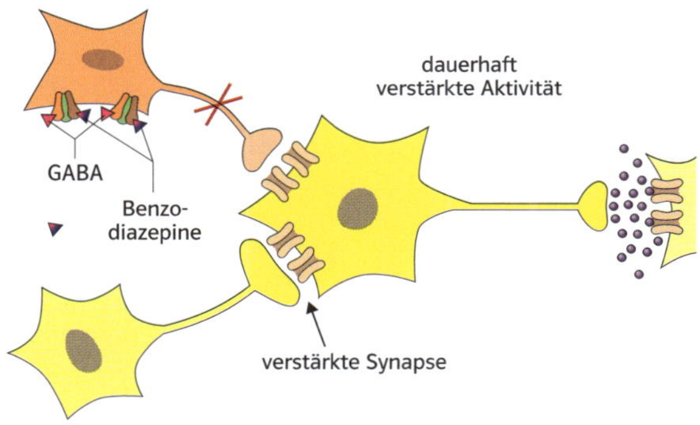

5 Veränderung bei dauerhafter Benzodiazepin-Einnahme

Aufgaben

10/100 ○ **1** Vergleichen Sie die Chlorid-Ionen-Kanäle in [B 2] und stellen Sie dar, welche Auswirkungen die Bindung von GABA allein und zusammen mit Benzodiazepinen auf das Membranpotenzial hat.

25/100 ◒ **2** Erklären Sie unter Berücksichtigung von [B 3 – 5] die massive Dopamin-Ausschüttung unter Einnahme von Beruhigungsmitteln.

65/100 ● **3** Stellen Sie eine Hypothese auf, wie ein Medikament auf molekularer Ebene wirken müsste, um bei einer Überdosierung von Benzodiazepinen den Symptomen entgegenzuwirken.

Das Nervensystem dient zur Aufrechterhaltung der Homöostase

Von allen Körpersystemen ist das Nervensystem das wichtigste Kontrollsystem zur Konstanthaltung physiologischer Zustände. Eine besondere Rolle nimmt dabei das autonome Nervensystem ein. Es regelt viele Vorgänge, ohne bewusst gesteuert zu werden. Es kontrolliert lebenswichtige Funktionen, wie z.B. die Atmung oder die Verdauung [B 2]. Rezeptoren überwachen dabei ständig äußere und innere Bedingungen und reagieren auf Veränderungen. Thermorezeptoren erfassen beispielsweise Temperaturveränderungen.

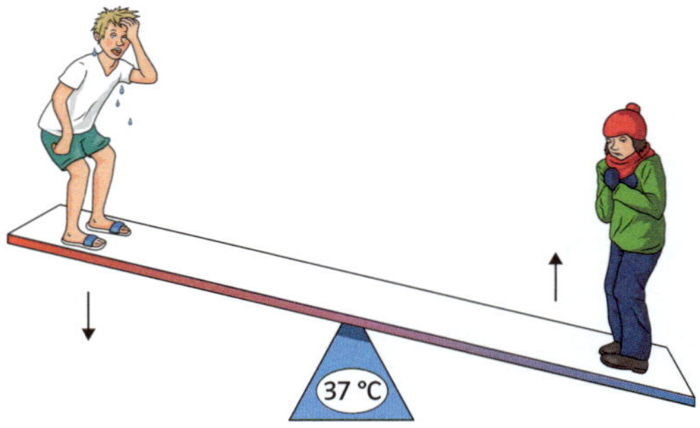

1 Reaktionen auf unterschiedliche Temperaturbedingungen

Wenn die Körpertemperatur von einem Soll-Wert abweicht und außerhalb des normalen Bereichs liegt [B 1], werden Signale über das Nervensystem gesendet. Daraufhin werden Reaktionen ausgelöst, die die Körpertemperatur wieder in den Normbereich bringen [B 3]. Dies ist der Prozess der Homöostase (Aufrechterhaltung eines Fließgleichgewichts).
Das autonome Nervensystem setzt sich aus Sympathicus und Parasympathicus zusammen [B 2]. Die beiden Bereiche des autonomen Nervensystems arbeiten als Antagonisten (Gegenspieler). Das dynamische Zusammenspiel ermöglicht es, auf unterschiedliche Umweltsituationen spontan und angemessen zu reagieren. Beim Anblick eines Beutegreifers dominiert beispielsweise der Sympathicus und sorgt unter anderem für eine gut durchblutete Muskulatur, die eine schnelle Flucht gewährleistet oder die Möglichkeit bietet, sich kraftvoll zur Wehr zu setzen (Flight or Fight-Reaktion). Ist die Notsituation überstanden, wird mithilfe des Parasympathicus der Zustand der Homöostase schnell wieder erreicht. Im alltäglichen Leben tritt eine solch starke körperliche Reaktion jedoch eher selten auf.

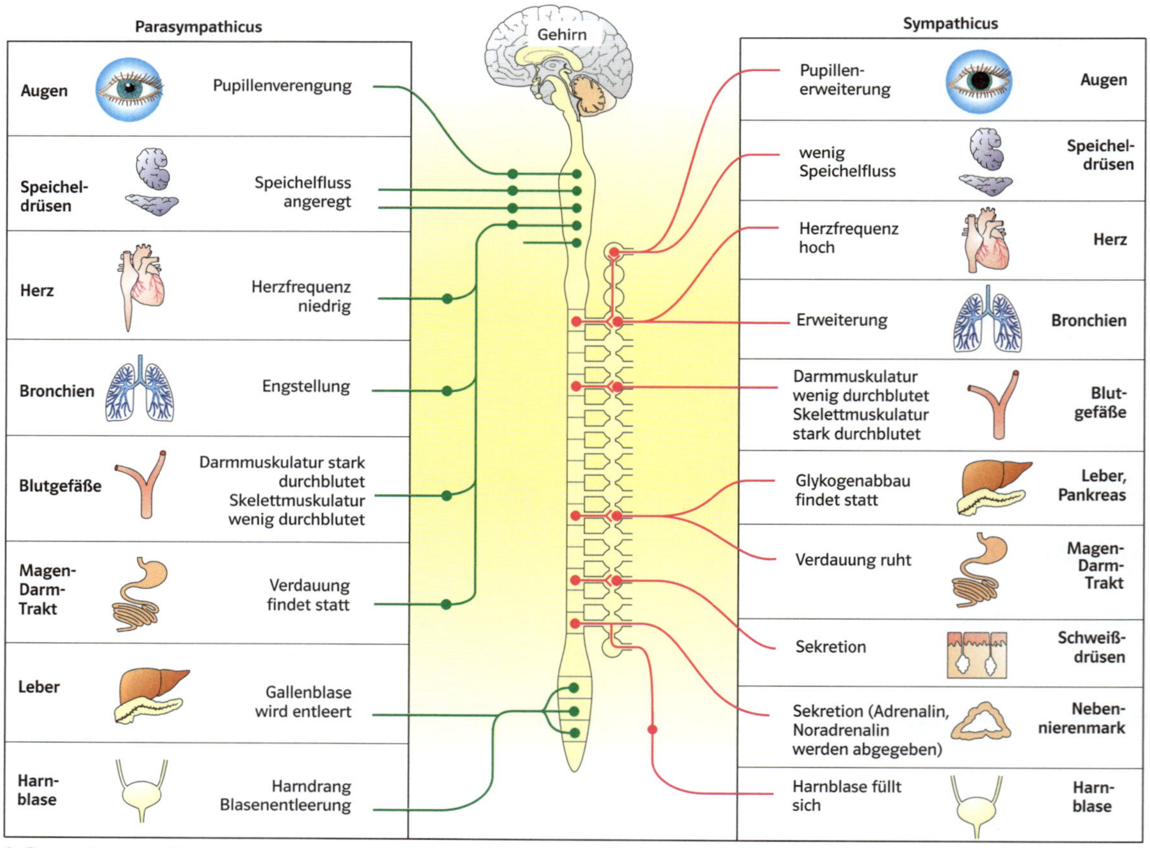

2 Das autonome Nervensystem

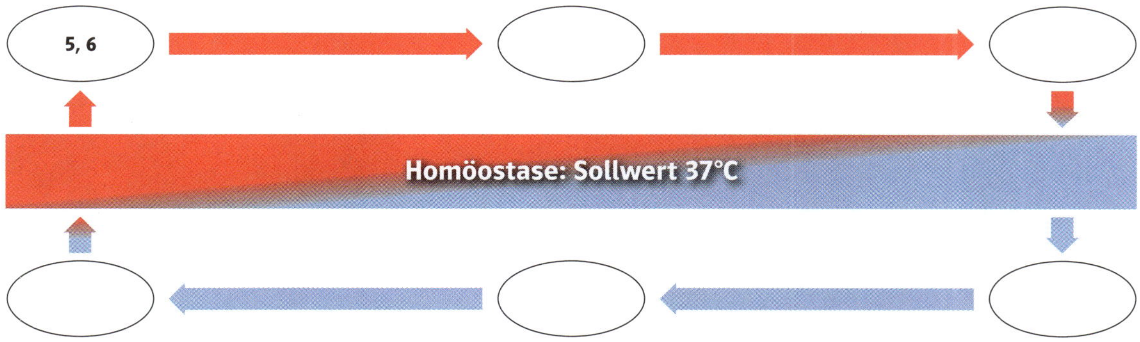

3 Regulierung der Körpertemperatur mithilfe des autonomen Nervensystems

1 Erschlaffung der Muskulatur der Blutgefäßwände

2 Thermorezeptoren: kälteempfindliche Sinneszellen im Hypothalamus (Kerntemperatur)

3 Thermorezeptoren: kälteempfindliche Sinneszellen in der Haut (Temperatur der Peripherie)

4 Kontraktion der Muskulatur der Blutgefäßwände

5 Thermorezeptoren: wärmeempfindliche Sinneszellen im Hypothalamus (Kerntemperatur)

6 Thermorezeptoren: wärmeempfindliche Sinneszellen in der Haut (Temperatur der Peripherie)

7 Aktivierung der Schweißdrüsen

8 Kältezittern durch Kontraktion der Skelettmuskulatur

9 Thermoregulationszentrum: Verrechnung der Erregungen im Hypothalamus

4 Vorgänge bei der Regulation der Körpertemperatur

Aufgaben

10/100 ○ **1** Fassen Sie mithilfe von [B 2] die Organisation des autonomen Nervensystems zusammen.

30/100 ◒ **2** Stellen Sie eine Vermutung zum physiologischen Hintergrund zur Durchführung eines alten chinesischen „Lügendetektortests" an, bei dem die zu testende Person einen Löffel Reismehl (trocken, staubig) verzehren muss, während sie die entscheidenden Fragen beantwortet [B 2].

20/100 ◒ **3** Wenden Sie das Prinzip der Homöostase auf eine Modellvorstellung an, in der eine Person mit einem Kraftfahrzeug 50 km/h während einer Berg- und Talfahrt einhalten soll.

5/100 ○ **4** Beschreiben Sie die Modellvorstellung in [B 1].

35/100 ● **5** Ergänzen Sie [B 3], indem Sie die entsprechende Nummer der Kärtchen aus [B 4] sinnvoll in die freien Felder eintragen. (Tipp: Mehrfachnennungen sind möglich.) Erklären Sie anschließend in einem zusammenhängenden Text detailliert, wie die Homöostase der Körpertemperatur aufrechterhalten wird.

Mit dem Sympathicus auf Beutejagd

1 Anschleichen an ein potenzielles Beutetier

Das Nervensystem kontrolliert gemeinsam mit dem Hormonsystem alle körperlichen Reaktionen, die zum Überleben notwendig sind. Das zentrale Nervensystem nimmt über elektrische Signale Umweltreize auf und sendet entsprechende Erregungen zum peripheren Nervensystem [B 2] und zum Hormonsystem. Pirscht eine Katze sich an, ist sie hoch konzentriert [B 1]. Alle Körperfunktionen sind fein aufeinander abgestimmt und arbeiten zielgerichtet miteinander. Ist das Beutetier in Reichweite, setzt die Katze zum Sprung an und erbeutet, wenn es gut geht, z. B. eine Maus. Die physiologischen Reaktionen müssen dabei gut koordiniert sein. Viele Jahre lang waren Forschende im Bereich der Physiologie nicht in der Lage, sich diese genaue Koordination zu erklären. Unerklärlich war beispielsweise, wie ein und dasselbe Signalmolekül wie z. B. Adrenalin [B 4] unterschiedliche Reaktionen in verschiedenen Zielgeweben haben kann.

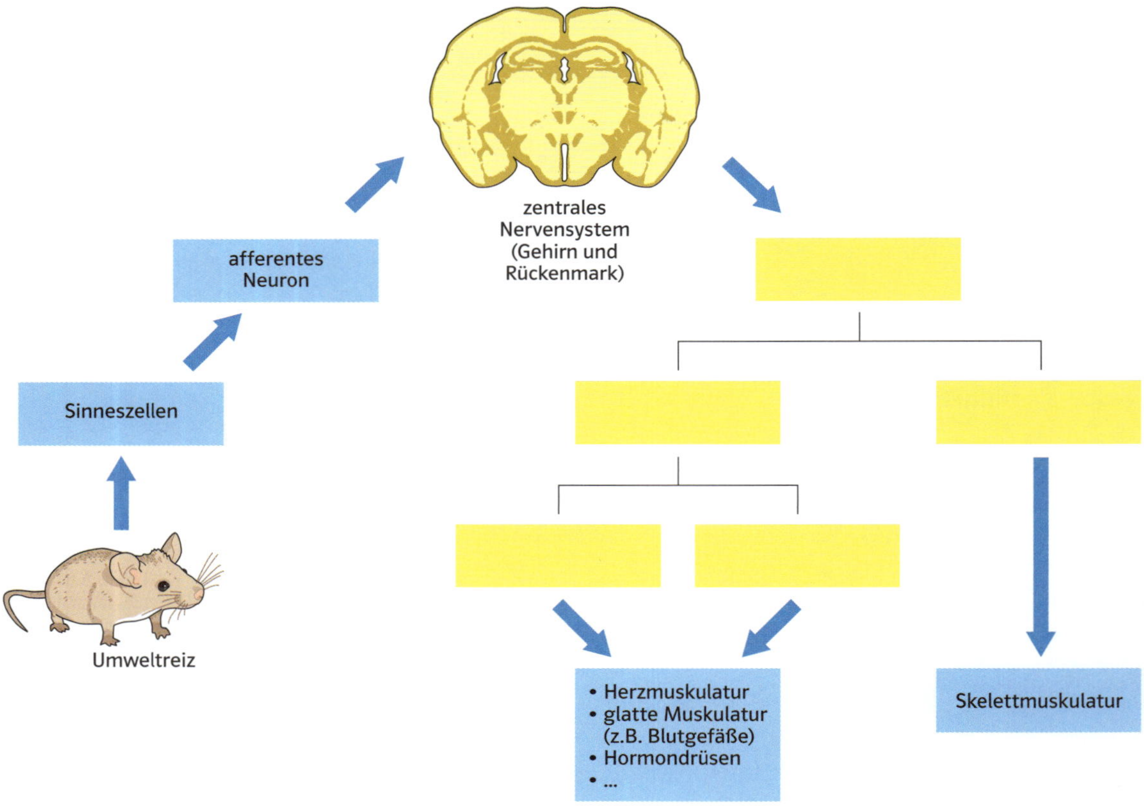

2 Organisation des Nervensystems

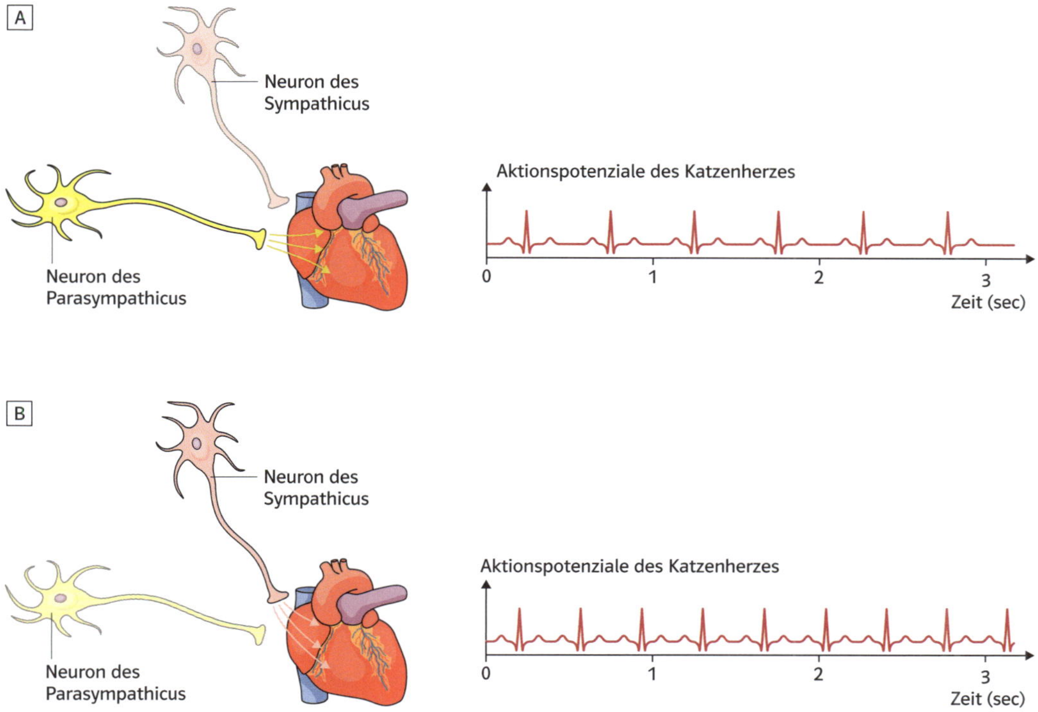

3 Herzschlagrate a) bei Dominanz des Parasympathicus und b) bei Dominanz des Sympathicus

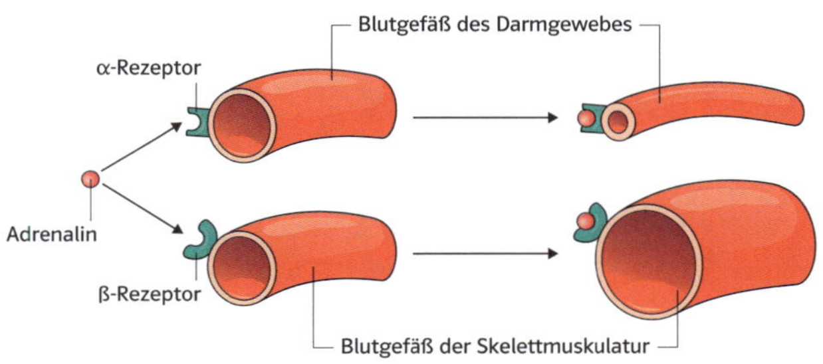

4 Wirkung von Adrenalin auf unterschiedliche Organgewebe

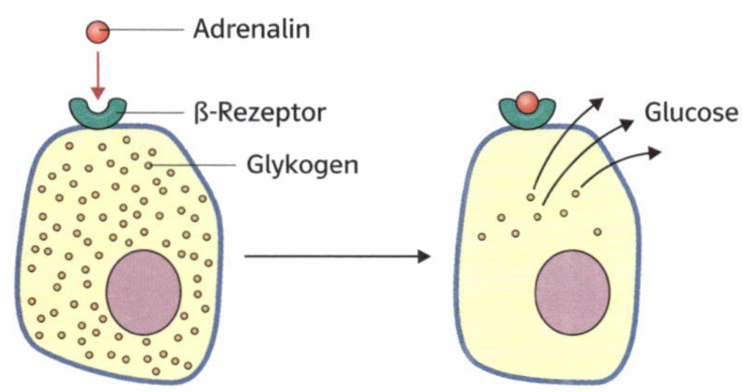

5 Wirkung von Adrenalin auf Leberzelle

Aufgaben

15/100 ○ **1** Ergänzen Sie in [B 2] die freien Kästchen zur Organisation des Nervensystems. Beschreiben Sie anschließend den Weg des Signals bei einer Katze, die eine Maus erblickt bis hin zur Herztätigkeit und zur Aktivierung der Beinmuskulatur, wenn die Katze zum Sprung ansetzt [B 1].

15/100 ○ **2** Ermitteln Sie den Puls (Herzschlag pro Minute) anhand der EKG-Aufnahmen für eine Katze in unterschiedlichen Lebenssituationen. Ordnen Sie dem physiologischen Zustand der in [B 1] gezeigten Katze begründet eine entsprechende Herztätigkeit aus [B 3] zu.

20/100 ◒ **3** Erläutern Sie die Auswirkung eines Medikaments auf die Herztätigkeit, das eine inhibierende Wirkung auf den Parasympathicus hat [B 3].

30/100 ◒ **4** Beschreiben Sie die Wirkung von Adrenalin auf die Muskulatur der Blutgefäße des Darmgewebes, auf die Skelettmuskulatur und auf Leberzellen [B 4 und 5]. Begründen Sie, warum ein Signalmolekül unterschiedliche Auswirkungen haben kann.

20/100 ◒ **5** Leiten Sie aus den in [B 3 – 5] gezeigten körperlichen Reaktionen mögliche Vorteile für die Beutejagd einer Katze ab.

Wirken Kindergeschichten schmerzlindernd?

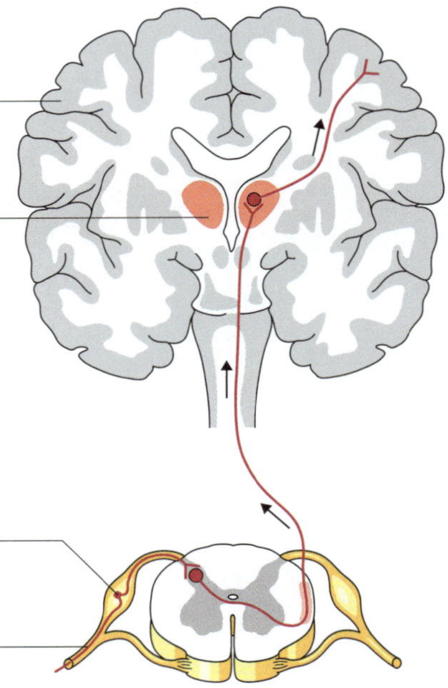

1 Schmerzbahn

Tritt z. B. durch Verbrennungen eine Gewebeschädigung auf oder wird die Haut durch einen Schnitt verletzt, so wird durch die Wahrnehmung der Schmerzen ermöglicht, darauf entsprechend zu reagieren. Schmerzfasern, zu denen die C-Fasern gehören, besitzen freie Nervenendigungen, die den Reiz aufnehmen und als Erregungen zum Gehirn weiterleiten. Die eingehenden Signale werden dann im Cortex des Gehirns entsprechend zugeordnet, verrechnet und interpretiert [B 1]. C-Fasern ermöglichen dabei auch, den Oberflächenschmerz genauer zu lokalisieren, denn je nach Lage und Größe der Gewebeschädigung, werden diese Sinneszellen unterschiedlich erregt.

Bei stärkeren Schmerzen werden häufig Schmerzmedikamente eingesetzt, die die Erregungsweiterleitung von Schmerzfasern hemmen, sodass kein Schmerz mehr empfunden wird. Bei längerfristiger Einnahme können Schmerzmittel jedoch größere Nebenwirkungen nach sich ziehen. Deshalb stehen alternative Behandlungsmöglichkeiten im Focus der Wissenschaft. Erforscht werden dabei auch körpereigene Mechanismen, die die Schmerzwahrnehmung auf natürliche Art lindern und eventuell weniger schädliche Auswirkungen auf den Körper haben. Näher Untersucht wird beispielsweise, ob Oxytocin bei der Reduzierung von Schmerzen eine Rolle spielt. Oxytocin ist als sogenanntes „Kuschelhormon" bekannt und bewirkt eine Verstärkung sozialer Bindungen. Es erfüllt aber noch weitere Aufgaben im Körper des Menschen. Es sorgt für ein Wohlbefinden und beschleunigt beispielsweise den Geburtsvorgang. Studien an Mäusen haben bereits gezeigt, dass eine Oxytocin-Ausschüttung bei den Tieren schmerzlindernd wirkt. Es stellt sich die Frage, ob Oxytocin ebenso bei Menschen zur Schmerzreduktion beiträgt.

Studie zur Schmerzreduktion durch das Vorlesen von Kindergeschichten

In einer Untersuchung wurde geprüft, ob das Anhören von Kindergeschichten eine Reduzierung der Schmerzwahrnehmung hervorrufen kann. Dazu wurden Kindern, die sich im Krankenhaus befanden, lustige Kindergeschichten erzählt (Geschichten-Gruppe, n = 41). Eine weitere Gruppe von Kindern durfte in dieser Zeit gemeinschaftlich Rätsel lösen (Rätsel-Gruppe, n = 40). Die Oxytocin-Konzentration der Kinder beider Gruppen wurde vor und nach dem Testverfahren gemessen. Zudem sollten die Kinder auf einer Skala von 0 bis 10 ihre gefühlten Schmerzen einordnen [B 2].

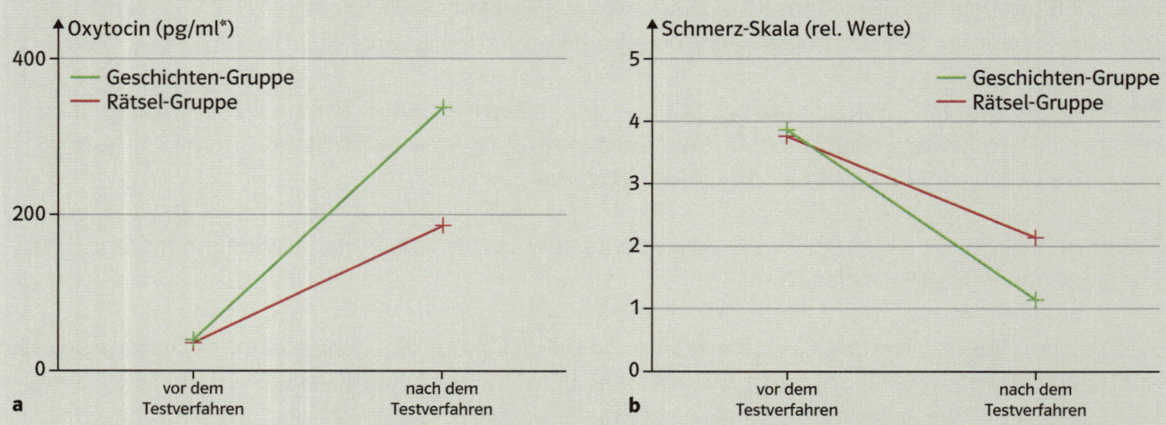

2 Untersuchungsergebnisse zur Konzentration von Oxytocin im Speichel (a) und zur Schmerzintensität (b) (pg/ml: Pikogramm pro Milliliter, entspricht ein Tausendstel Nanogramm pro Milliliter)

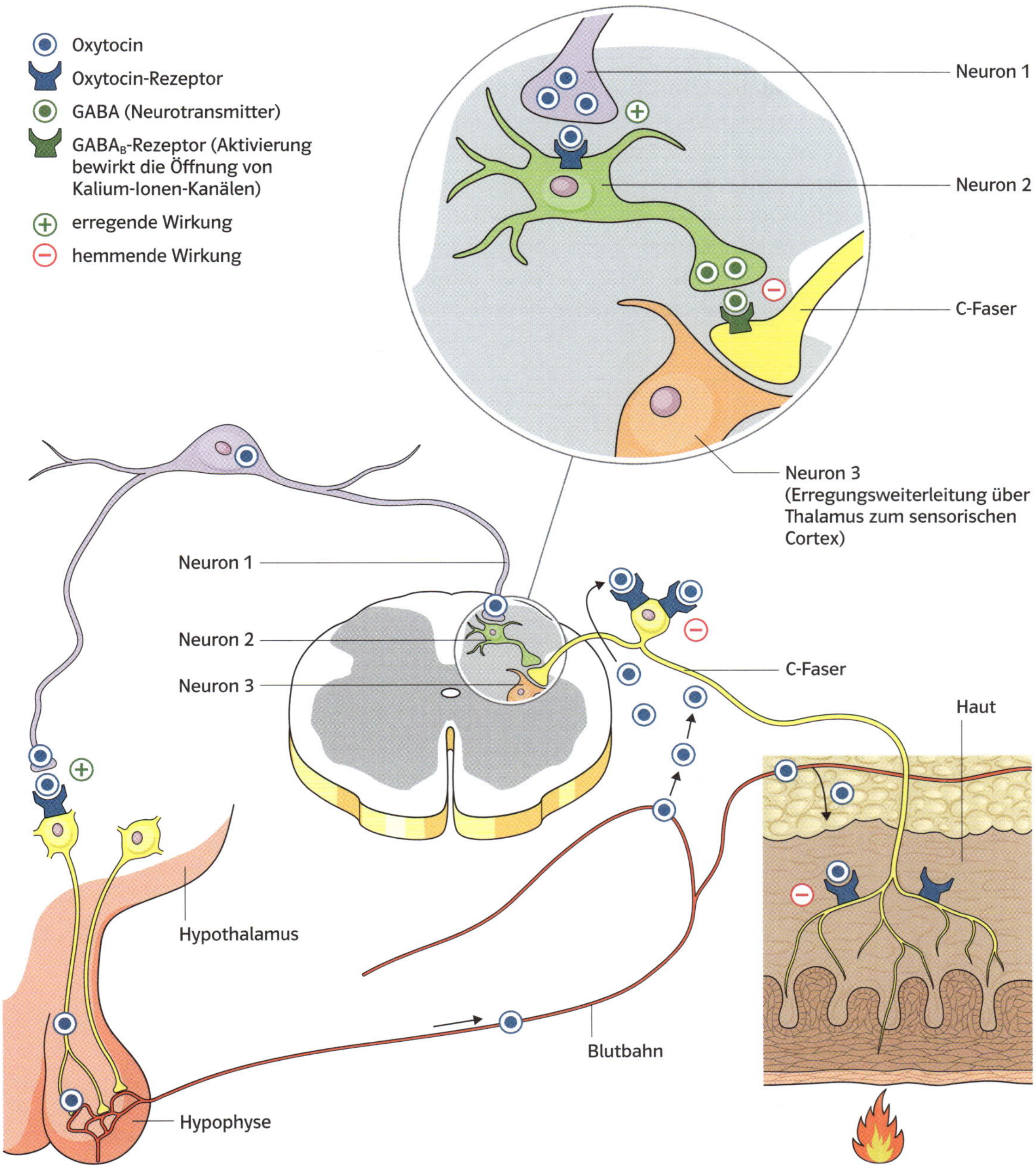

3 Wirkungsorte von Oxytocin

Aufgaben

20/100 ○ **1** Beschreiben Sie die Untersuchungsergebnisse der Studie zur Schmerzreduktion und erläutern Sie die Bedeutung der Kinder-Gruppe, die Rätsel gelöst hat, in der Untersuchung [B 2].

30/100 ◒ **2** Ziehen Sie mögliche Schlussfolgerungen aus dem Untersuchungsergebnis [B 2].

15/100 ○ **3** Beschreiben Sie den in [B 1] dargestellten Weg zur Schmerzwahrnehmung.

35/100 ◒ **4** Leiten Sie aus [B 3] detailliert zwei Wege ab, wie es zu den in [B 2] gezeigten Untersuchungsergebnissen gekommen sein könnte.

Teamwork zwischen Nervensystem und Hormonsystem

In Stresssituationen stellt der Organismus sich auf eine erhöhte Leistungsbereitschaft ein. Dabei wirken das Hormonsystem und das Nervensystem zusammen. Adrenalin und Noradrenalin bewirken in kürzester Zeit eine erhöhte Aufmerksamkeit und schnelle Reaktionen, die in bestimmten Situationen überlebenswichtig sein können. Das Hormon Cortisol wird kurze Zeit später freigesetzt und gewährleistet über einen längeren Zeitraum die Bereitstellung von Energie durch Glucose. Eine dauerhaft erhöhte Konzentration von Cortisol hervorgerufen durch Langzeitstress wirkt sich jedoch negativ aus. So steigt die Gefahr an einer Infektion zu erkranken, das Risiko einen Schlaganfall oder einen Herzinfarkt zu erleiden nimmt zu und es kann zu einem verstärkten Abbau der Muskulatur führen.

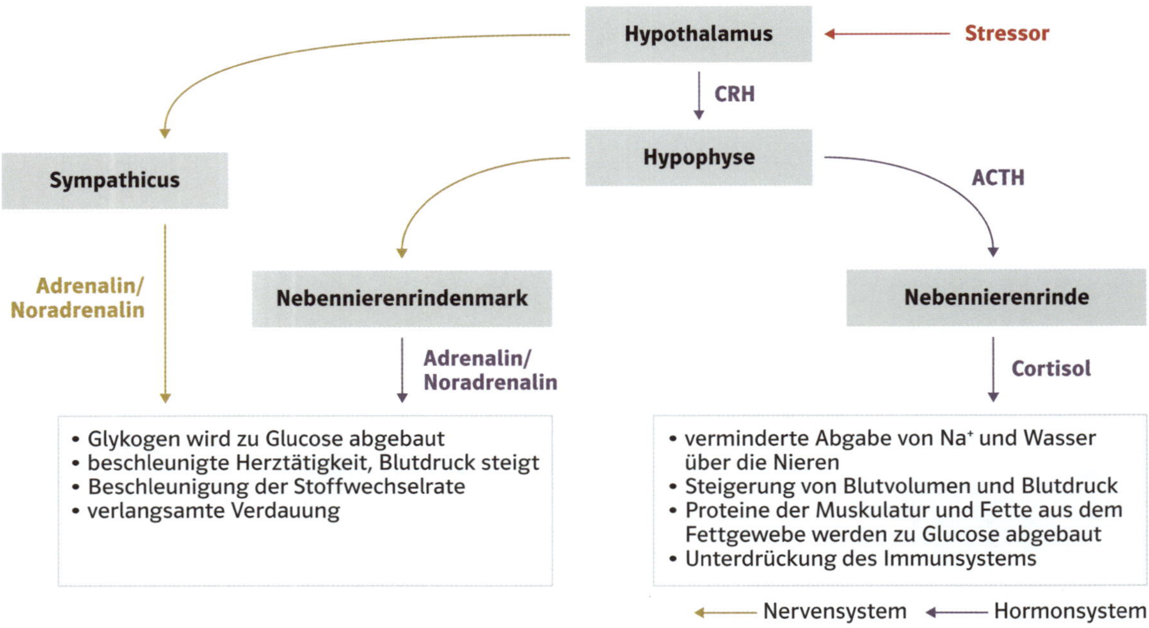

1 Hormonelle und neuronale Steuerung bei einer Stressreaktion

Pinguine als Tourismus-Attraktion

An der Atlantikküste in Argentinien sind die Magellan-Pinguine (*Spheniscus magellanicus*, [B 4]) beheimatet. Sie gelten als Touristenattraktion. Jedes Jahr kommen tausende von Touristen, um ein Selfie mit diesen Vögeln zu erhaschen oder um die Tiere einmal in ihrer natürlichen Umgebung zu sehen. Die Pinguine sind dort mittler Weile an die Gäste gewöhnt und lassen sie bis auf wenige Meter herankommen. Es wurde angenommen, dass die Touristen bei den Pinguinen Stress auslösen. Forschende haben bei vielen Vogelarten, die unter Dauerstress stehen, z. B. Wachstumsstörungen durch eine erhöhte Corticosteron-Konzentration im Blutplasma festgestellt. Corticosteron entspricht bei Vögeln dem Cortisol des Menschen.

2 Touristin in Argentinien

Pinguine, die in einem für Touristen zugänglichen Habitat leben, und Pinguine, die für Besucher unzugänglich leben wurden dazu näher untersucht [B 3].

Fragestellung der Forschenden:

Hypothese 1:

Hypothese 2:

Erwartung: Wenn Hypothese 1 zutrifft, dann …

Wenn Hypothese 2 zutrifft, dann …

Versuchsdurchführung: Pinguine, die durch die Anwesenheit von Touristen mit Menschen vertraut sind und Tiere, die keinerlei Erfahrungen mit Menschen haben, werden zur Blutabnahme eingefangen. Durch den Fang wird eine Stressreaktion ausgelöst, sodass 30 Minuten nach dem Fang die höchsten Corticosteron-Werte zu erwarten sind. Die Corticosteron-Konzentration von Tieren beider Gruppen wird bestimmt.

Versuchsergebnis:

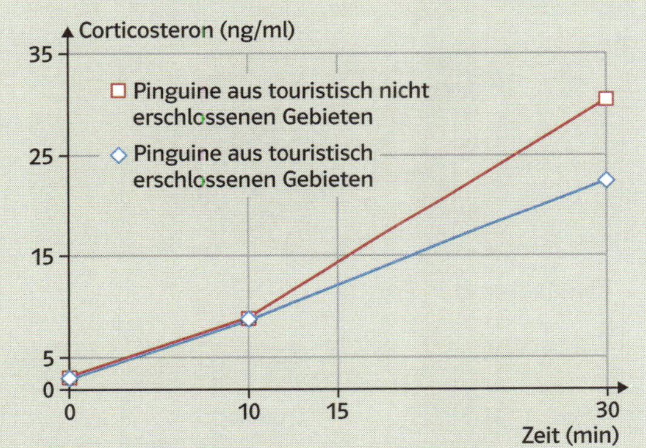

3 Corticosteron-Konzentration

Überprüfung der Hypothesen:

4 Naturwissenschaftlicher Erkenntnisweg

Aufgaben

15/100 **1** Beschreiben Sie, wie das Nervensystem und das Hormonsystem zusammenarbeiten [B 1].

20/100 **2** Diskutieren Sie unter Berücksichtigung von [B 1] mögliche Vor- bzw. Nachteile einer körperlichen Stressreaktion am Beispiel von Pinguinen [B 2].

30/100 **3** Ergänzen Sie zu der Untersuchung der Forschenden die freien Felder in [B 3]. (Tipp: Nutzen Sie als Grundlage die beschriebene Versuchsdurchführung.)

35/100 **4** Deuten Sie das Versuchsergebnis [B 3]. Geben Sie im Anschluss an, welche Untersuchungen folgen könnten, um gesichertere Aussagen treffen zu können.

Die Hormone der Schilddrüse

Hormone werden durch verschiedene Gewebe hergestellt und gelangen dann zu Wirkorten überall im Körper. Beispielsweise wird das Thyreoidea stimulierende Hormon (TSH) in der Hypophyse im Gehirn produziert, wirkt aber anregend auf die Schilddrüse im Hals.
Die Schilddrüse produziert nach Anregung ebenfalls Hormone, wie z. B. Triiodthyronin (T3) und Thyroxin (T4). Triiodthyronin und Thyroxin steuern beim Menschen unter anderem das Wachstum von Skelett, Organen und Nervensystem sowie die Stoffwechselaktivität und die Wärmeproduktion. Die Wirkung von Hormonen wurde bei vielen Lebewesen untersucht. Dabei erkannt man, dass teilweise dasselbe Hormon bei verschiedenen Tierarten zu finden ist und dort zum Teil unterschiedliche Lebensvorgänge steuert.
Frösche durchlaufen in ihrer Entwicklung einen Gestaltwandel von der Kaulquappe zum Frosch [B 1]. Diese Metamorphose wird durch Hormone gesteuert. Welche Hormone das sind, konnte in Versuchen an Kaulquappen nachgewiesen werden. Hierfür wurden teilweise die Hormondrüsen entnommen. In weiteren Versuchen wurden die dort produzierten Hormone den Kaulquappen injiziert. Anschließend wurde beobachtet, ob eine Metamorphose erfolgt [B 3].

1 Kaulquappe und Frosch

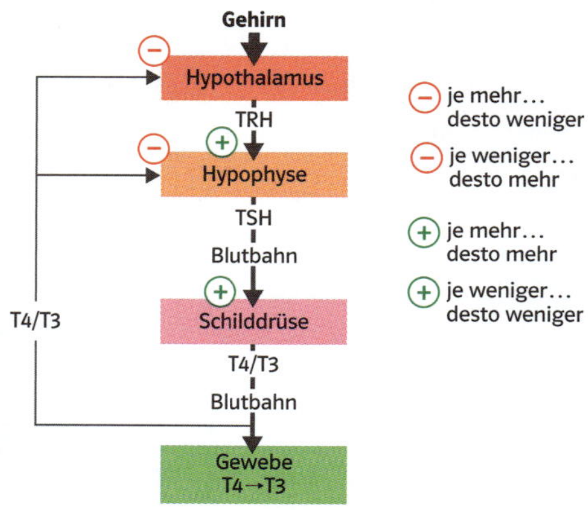

2 Regulierung der Schilddrüsenaktivität

	Hypophyse	Schilddrüse	Hormonzusatz	Metamorphose
Versuch 1	vorhanden	vorhanden	-	+
Versuch 2	entfernt	entfernt	-	-
Versuch 3	vorhanden	entfernt	-	-
Versuch 4	entfernt	vorhanden	-	-
Versuch 5	entfernt	entfernt	Thyroxin (T4)	+
Versuch 6	entfernt	entfernt	TSH	-
Versuch 7	entfernt	vorhanden	TSH	+

3 Versuchsergebnisse zum Einfluss von Hormonen auf die Metamorphose bei Fröschen

Aufgaben

20/100 ○ **1** Erklären Sie mithilfe des Textes und [B 2], wie eine Überproduktion von Triiodthyronin (T3) verhindert wird.

20/100 ○ **2** Benennen Sie den Kontrollversuch in der Versuchsreihe, dessen Ergebnisse in [B 3] dargestellt sind. Begründen Sie Ihre Auswahl.

20/100 ○ **3** Beschreiben Sie die Versuchsergebnisse in [B 3].

40/100 ◒ **4** Deuten Sie die in [B 3] dargestellten Versuchsergebnisse.

Diabetes mellitus Typ I und II

Mehr als 7 Millionen Menschen in Deutschland sind in ärztlicher Behandlung wegen Diabetes mellitus, früher auch Zuckerkrankheit genannt. Bei ihnen ist die Regulation der Glucose-Konzentration im Blut gestört. Unterschieden werden zwei verschiedene Typen der Erkrankung.

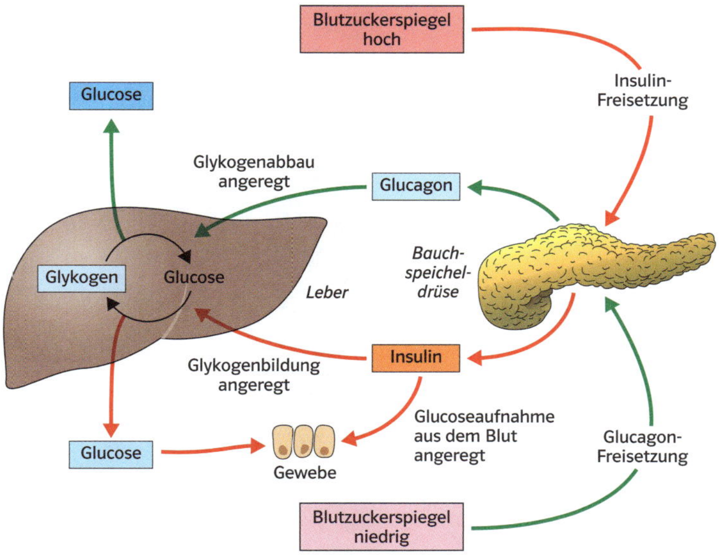

1 Insulin und Glucagon beim gesunden Menschen

Der seltenere Diabetes Typ I ist durch eine zu geringe Insulinausschüttung gekennzeichnet. Er tritt meist im Jugendalter auf. Die Insulin produzierenden β-Zellen der Bauchspeicheldrüse werden vom Körper angegriffen und zerstört. Beim deutlich häufiger auftretenden Diabetes Typ II wird Insulin in großen Mengen produziert, aufgrund mangelnder oder funktionsunfähiger Rezeptoren von den Zielzellen jedoch nicht aufgenommen. Zunächst steigt die Insulinproduktion, später wird sie jedoch eingestellt. Diese Form des Diabetes entwickelt sich oft erst im Laufe des Erwachsenenalters.

2 Diabetes Typ I und II

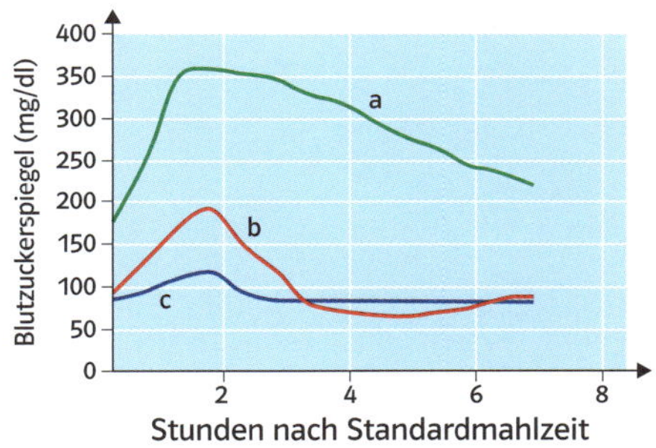

3 Blutzuckerspiegel bei drei Personen

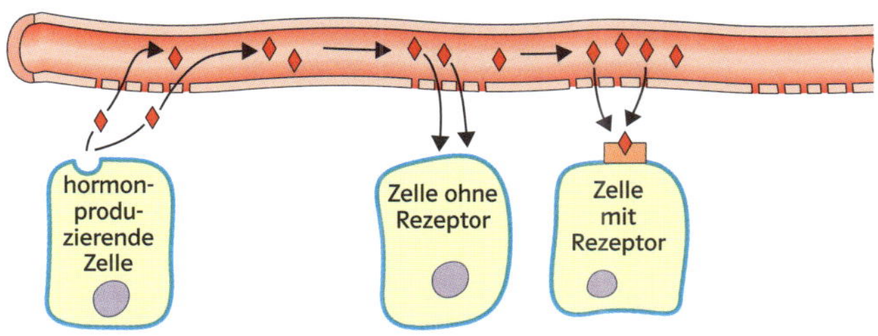

4 Hormontransport zu den Zielzellen

Aufgaben

20/100 ○ **1** Beschreiben Sie die Wirkung von Glucagon und Insulin bei der Regulierung der Glucose-Konzentration im Blut [B1 und 2].

25/100 ◒ **2** [B3] zeigt Messergebnisse von drei verschiedenen Personen nach einer kohlenhydrathaltigen Mahlzeit. Eine Person ist an Diabetes mellitus erkrankt, eine weitere zeigt einen beginnenden Diabetes und eine dritte Person ist gesund. Ordnen Sie die Kurven begründet den Personen zu.

25/100 ◒ **3** Markieren Sie in [B1 und 4] in zwei verschiedenen Farben die Ursachen und Auswirkungen von Diabetes des Typs I und des Typs II.

30/100 ◒ **4** Personen mit beginnendem Diabetes Typ II wird empfohlen, Nahrungsmittel mit langkettigen Kohlenhydraten zu essen, um einen zu hohen Blutzuckerspiegel zu vermeiden. Im Gegensatz zu einfachen Kohlenhydraten wie Zucker gelangen Monosaccharide aus langkettigen Kohlenhydraten nur langsam ins Blut. Beurteilen Sie diese Empfehlung.

Riesenwuchs

Der Riesenwuchs ist eine seltene Krankheit, bei der die Betroffenen über zwei Meter Körpergröße erreichen (Abb. 1). Ursache sind erhöhte Ausschüttungen von Wachstumshormonen wie Somatropin. Geschieht das vor der Pubertät, wächst der gesamte Körper stärker.

Erhöht sich die Konzentration der Wachstumshormone erst nach der Pubertät, wenn das Längenwachstum abgeschlossen ist, dann wachsen nur einzelne Körperteile über das normale Maß hinaus (Akromegalie). Betroffen sind vor allem Hände, Füße, Kinn, Ohren, Nase und die äußeren Genitalien. Betroffene Menschen leiden zudem oft unter Diabetes und Schlafstörungen. Diskutiert wird aktuell der Zusammenhang zu verschiedenen Krebsformen, die ebenfalls durch die hohe Konzentration von Wachstumshormonen ausgelöst werden können. Auslöser der Erkrankung im Erwachsenenalter sind oft Tumore an der Hypophyse, in selteneren Fällen liegen Mutationen zugrunde. Auch bei gesunden Menschen regulieren die beteiligten Hormone das Wachstum. Die Menge der Wachstumshormone im Blut verändert sich dabei im Laufe des Lebens stark, aber auch im Tagesablauf schwankt die Hormonkonzentration. Psychischer Stress, Hunger oder Sport stimulieren beispielsweise die Ausschüttung von Somatropin (Growth Hormone GH).

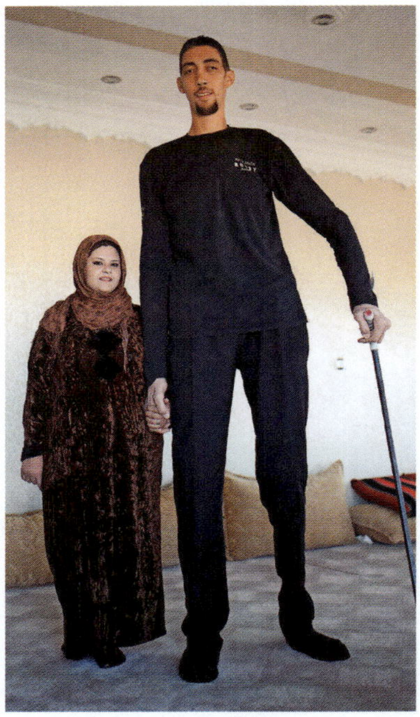

1 Mensch mit Riesenwuchs

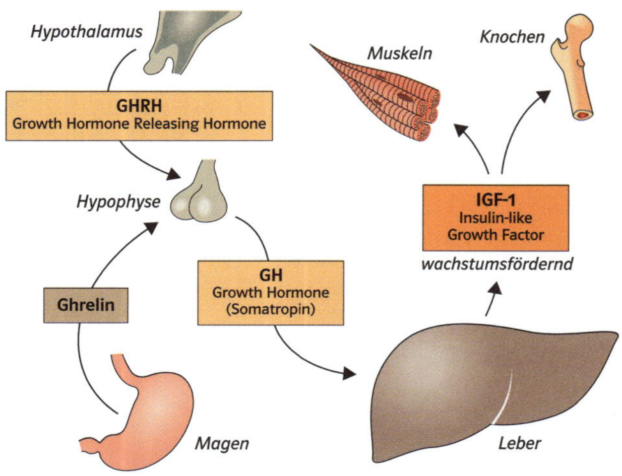

2 Wachstumshormone im Körper

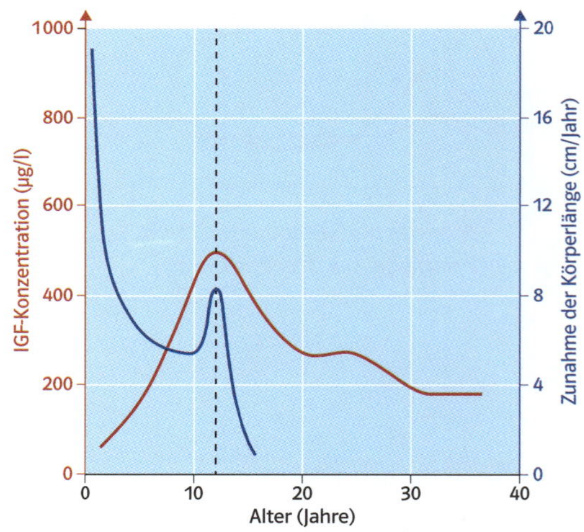

3 Wachstumskurve und IGF-1-Konzentration

Aufgaben

15/100 ○ **1** Beschreiben Sie die Wirkung der Wachstumshormone bei gesunden Menschen mithilfe von [B 2].

25/100 ◒ **2** Erklären Sie, dass ein Tumor an der Hypophyse Riesenwuchs auslösen kann.

30/100 ◒ **3** Erklären Sie, in welcher Lebensphase die Ausschüttung von IGF 1 ins Blutplasma am größten ist und welche Auswirkungen dies auf das Wachstum hat [B 3].

30/100 ◒ **4** Medikamente, die IGF 1 und Somatropin enthalten, wurden manchmal von Bodybuildern eingenommen. Beurteilen Sie die Einnahme zur Steigerung des Muskelwachstums.

Signalübertragung im Körper

Zur Steuerung und Regulation der Vorgänge im Körper stehen verschiedene Möglichkeiten der Signalübertragung zur Verfügung. Das Nervensystem und das hormonelle System haben jeweils Vor- und Nachteile, ermöglichen aber gemeinsam eine zielgerichtete und angepasste Steuerung aller körperlichen Vorgänge.

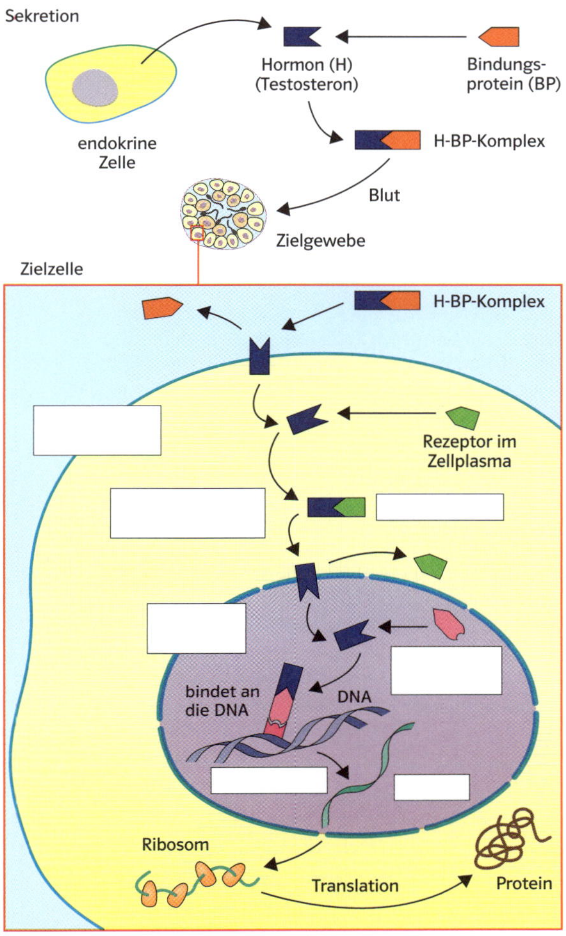

1 Schematische Darstellung der Wirkung von Testosteron

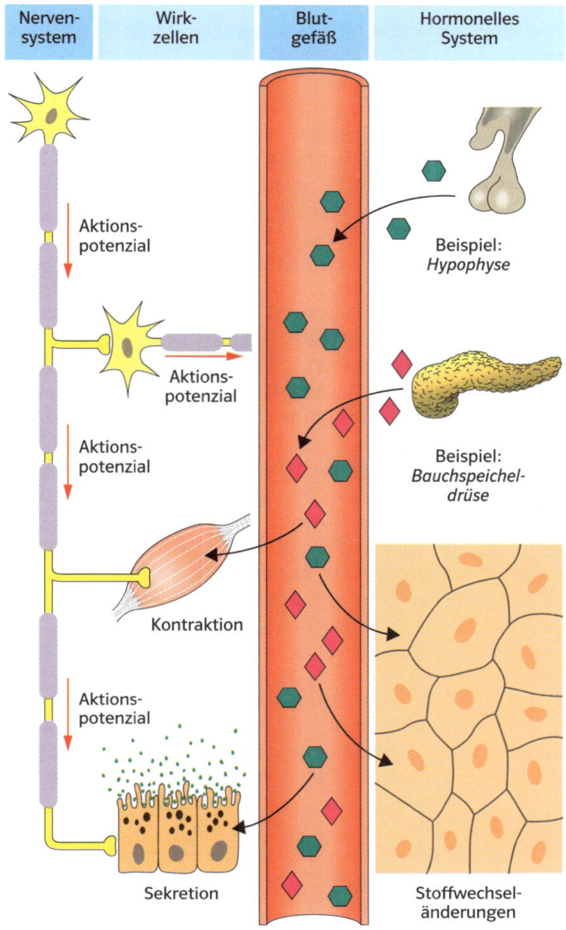

2 Formen der Signalübertragung

Aufgaben

20/100 ○ **1** Beschriften Sie [B 1] mit den Begriffen H-R-Komplex, Rezeptor im Zellkern, Membran der Zielzelle, m-RNA, Hülle des Zellkerns, Transkription, Transport durch das Zellplasma. Beachten Sie dabei, dass Testosteron ein lipophiles Hormon ist.

30/100 ◒ **2** Beschreiben Sie die Wirkung von Testosteron im Körper [B 1].

25/100 ◒ **3** Bei Testosteron handelt es sich um ein Steroidhormon. Erläutern Sie, welche Unterschiede zwischen Steroidhormonen und Peptidhormonen beim Transport zum Zellkern der Zielzelle bestehen.

25/100 ◒ **4** Mithilfe von Testosteron werden Signale über das hormonelle System übertragen. Nennen Sie Vor- und Nachteile gegenüber der neuronalen Erregungsleitung.

Quellennachweis

Fotos und Grafiken

U1 Image Professionals, München (Science Photo Library/Deerinck, Thomas/NCMIR); **4.1** ShutterStock.com RF, New York (Choksawatdikorn); **4.2** Nehren, Otto, Achern; **5.1** Schobel, Ingrid, Hannover; **5.2** Wirth, Jürgen, Dreieich; **5.3** Wirth, Jürgen, Dreieich; **6.1** Alamy stock photo, Abingdon (BIOSPHOTO/Clement Carbillet); **6.2** Nehren, Otto, Achern; **6.3** Nehren, Otto, Achern; **6.4** Nehren, Otto, Achern; **7.1** Schobel, Ingrid, Hannover; (Vorlage-Grafik: Ruhepotenzial); **8.1** Schobel, Ingrid, Hannover; **8.2** Schobel, Ingrid, Hannover; **9.1** Schobel, Ingrid, Hannover; **9.2** Nehren, Otto, Achern; **9.3** Nehren, Otto, Achern; **10.1a** iStockphoto, Calgary, Alberta (Mark Goddard); **10.1b** Schobel, Ingrid, Hannover; **10.2** Herzig, Wolfgang, Essen; **10.3** Herzig, Wolfgang, Essen; **11.1** stock.adobe.com, Dublin (Gerhard Seybert); **11.2** Schobel, Ingrid, Hannover; **11.3** Schobel, Ingrid, Hannover; **12.1** Nehren, Otto, Achern; **12.3** Schobel, Ingrid, Hannover; **13.1** Alamy stock photo, Abingdon (age fotostock); **13.2** Nehren, Otto, Achern; **13.3** stock.adobe.com, Dublin (Ideenkoch); **13.4** Nehren, Otto, Achern; **13.5** Nehren, Otto, Achern; **13.6** Nehren, Otto, Achern; **14.1** Schobel, Ingrid, Hannover; **14.2** Schobel, Ingrid, Hannover; **15.1** Schobel, Ingrid, Hannover; **15.2** Schobel, Ingrid, Hannover; **16.1** Schobel, Ingrid, Hannover; **17.1** dreamstime.com, Brentwood, TN (Jormonago); **17.2** Nehren, Otto, Achern; **17.3** Nehren, Otto, Achern; **18.1** Schobel, Ingrid, Hannover; **19.1** Schobel, Ingrid, Hannover; **20.1** Alamy stock photo, Abingdon (Alfonso Vicente); **20.2** Schobel, Ingrid, Hannover; **20.3** Schobel, Ingrid, Hannover; **21.2** Schobel, Ingrid, Hannover; **21.3** Schobel, Ingrid, Hannover; **22.1** IMAGO, Berlin (Avalon.red/Daniel Heuclin); **22.2** Herzig, Wolfgang, Essen; **22.3** Schobel, Ingrid, Hannover; **22.4** Schobel, Ingrid, Hannover; **23.1** Schobel, Ingrid, Hannover; **23.2** Schobel, Ingrid, Hannover; **23.3** Schobel, Ingrid, Hannover; **24.1** Schobel, Ingrid, Hannover; **24.2** Schobel, Ingrid, Hannover; **24.3** Schobel, Ingrid, Hannover; **25.1** Nehren, Otto, Achern; **25.2** Nehren, Otto, Achern; **25.3** Nehren, Otto, Achern; **25.4** Nehren, Otto, Achern; **26.1** Schobel, Ingrid, Hannover; **26.3** Nehren, Otto, Achern; **27.1** Picture-Alliance, Frankfurt/M. (dpa/epa PA Kenneth Catania); **27.2a** IMAGO, Berlin (Ardea/Paul Germain); **27.2b** Nehren, Otto, Achern; **27.3** Nehren, Otto, Achern; **27.4** Nehren, Otto, Achern; **28.1** Schobel, Ingrid, Hannover; **28.2** Schobel, Ingrid, Hannover; **29.1** Schobel, Ingrid, Hannover; **29.2** Wirth, Jürgen, Dreieich; **29.3** Schobel, Ingrid, Hannover; **29.4** Schobel, Ingrid, Hannover; **29.5** Schobel, Ingrid, Hannover; **30.1a** Wirth, Jürgen, Dreieich; **30.1b** Schobel, Ingrid, Hannover; **30.2** Schobel, Ingrid, Hannover; **30.3** Schobel, Ingrid, Hannover; **31.1** stock.adobe.com, Dublin (fotofreakdgy); **31.2** Schobel, Ingrid, Hannover; **31.3** Schobel, Ingrid, Hannover; **32.1** Nehren, Otto, Achern; **32.2** Nehren, Otto, Achern; **32.3** Schobel, Ingrid, Hannover; **32.4** Schobel, Ingrid, Hannover; **32.5** Schobel, Ingrid, Hannover; **32.6** Schobel, Ingrid, Hannover; **33.7** Nehren, Otto, Achern; **33.8** Nehren, Otto, Achern; **33.9** Schobel, Ingrid, Hannover; **35.1** Schobel, Ingrid, Hannover; **35.2** Schobel, Ingrid, Hannover; **36.1** Schobel, Ingrid, Hannover; **36.2** Herzig, Wolfgang, Essen; **37.3** Herzig, Wolfgang, Essen; **37.4** Herzig, Wolfgang, Essen; **38.1** Getty Images Plus, München (aee_werawan); **38.2** Nehren, Otto, Achern; **39.1** Nehren, Otto, Achern; **39.2** Nehren, Otto, Achern; **39.3** Nehren, Otto, Achern; **39.4** Nehren, Otto, Achern; **39.5** Nehren, Otto, Achern; **40.1** Schobel, Ingrid, Hannover; **40.2** Wirth, Jürgen, Dreieich; **41.3** Herzig, Wolfgang, Essen; **42.1** stock.adobe.com, Dublin (Nadine Haase); **42.2** Herzig, Wolfgang, Essen; **43.3** Schobel, Ingrid, Hannover; **43.4** Schobel, Ingrid, Hannover; **43.5** Schobel, Ingrid, Hannover; **44.1** Schobel, Ingrid, Hannover; **44.2** Herzig, Wolfgang, Essen; **45.1** Schobel, Ingrid, Hannover; **46.1** Herzig, Wolfgang, Essen; **46.2** Getty Images Plus, München (iStock/Anastasiia Shavshyna); **47.3** Schobel, Ingrid, Hannover; **48.1a** iStockphoto, Calgary, Alberta (Tommounsey); **48.1b** stock.adobe.com, Dublin (Unkas Photo); **48.2** Schobel, Ingrid, Hannover; **49.1** Nehren, Otto, Achern; **49.3** Nehren, Otto, Achern; **49.4** Schobel, Ingrid, Hannover; **50.1** Picture-Alliance, Frankfurt/M. (AA/Ahmet Bolat); **50.2** Nehren, Otto, Achern; **50.3** Nehren, Otto, Achern; **51.1** Nehren, Otto, Achern; **51.2** Nehren, Otto, Achern;

Textrechte

21.1 Reinhard Veser, Marcus Theurer: Fall Sergej Skripal. Das May-Ultimatum. (13.03.2018) Unter: https://www.faz.net/aktuell/politik/ausland/giftanschlag-auf-spion-sergej-skripal-die-hintergruende-15492534.html (Zugriff 22.01.2024, gek.);